Тимур Расулов

Только благодатью

Самара
2022

УДК 248.4
ББК 86.376-44
Р24

Корректура: Гиппиус А. С., Расулова А. А.
Верстка: Раугас А. А.

Цитаты из Библии, если не указано иное, даны по Синодальному переводу. Цитаты по изданию «Новый Завет Господа нашего Иисуса Христа» (пер. с греч. под ред. епископа Кассиана. М.: Рос. библ. о-во, 2001) помечены «Кассиан». Выделения в библейских цитатах принадлежат автору.

Расулов Т. Ю.

Р24   Только благодатью. — Самара: Расулов Т., 2022. — 240 с.

ISBN 978-5-9909405-3-6

Благодать — удивительная, недопонятая и, к сожалению, злоупотребляемая концепция. Без роста в благодати нет роста в практической праведности. Доказывая это, автор также пытается показать ее суть, свойства, красоту и силу. На протяжении всей книги Тимур Расулов сопоставляет благодать с законничеством в разных сферах жизни. Он демонстрирует преимущества незаслуженной милости и губительные недостатки фарисейства. Перед вами попытка донести до читателя исключительную важность благодати, как в вопросе спасения, так и в вопросе освящения.

УДК 248.4
ББК 86.376-44

ISBN 978-5-9909405-3-6

Выражаю сердечную благодарность моим бессменным богословским редакторам: Дмитрию Чубукину, Михаилу Швецову, Николаю Ямову, Дмитрию Шпилько, Александру Калинскому, Андрею Бортнийчуку.

Без совета предприятия расстроятся, а при множестве советников они состоятся (Прит. 15:22).

Введение

[17] И предал я сердце мое тому, чтобы познать мудрость и познать безумие и глупость: узнал, что и это — погоня за ветром; [18] потому что во многой мудрости много печали; и кто умножает познания, умножает скорбь (Еккл. 1:17–18, перевод автора).

Меньше знаешь — лучше спишь. Вот что, кажется, имел в виду мудрый царь, установив причинно-следственную связь между количеством мудрости и печали. Конечно, глупость и заблуждения еще больше не понравятся и к тому же принесут на хвосте кучу проблем. Однако, учитывая объект исследования Екклесиаста, вывод его закономерен. Он посвятил себя изучению не всей реальности в полноте, а только двух ее третьих: нравственного состояния человека и вытекающего отсюда разочаровывающего устройства жизни на земле[1].

Ознакомление с фактами человеческого бытия несет много скорбной информации, ведь место, где мы живем, проклято (Быт. 3:16–19). Накопление знаний о чем-то уродливом радости не принесет. Поэтому должен быть противовес — близкие, доверительные, основанные на вере и благодати от-

---

[1] Реальность состоит из трех компонентов: кто такой Бог, кто такой человек и каковы законы физического и духовного мира (причинно-следственные связи).

ношения с Богом. Здесь, как вы помните, у Соломона были проблемы. Отсюда и много странных высказываний, о которых я уже подробно писал[2].

Непоколебимое упование на Господа хранит душевный мир и сон гораздо эффективнее невежества (Ис. 26:3). Наш Бог прекрасен, и когда мы верой взираем на Него, печаль отступает.

[7] Благословлю Господа, вразумившего меня; даже и ночью учит меня внутренность моя. [8] Всегда видел я пред собою Господа, ибо Он одесную меня; не поколеблюсь. [9] Оттого возрадовалось сердце мое и возвеселился язык мой; даже и плоть моя успокоится в уповании... [11] Ты укажешь мне путь жизни: полнота радостей пред лицом Твоим, блаженство в деснице Твоей вовек (Пс. 15:7–9, 11).

Иисус — смысл жизни, неиссякаемый источник радости и счастья. Он изумителен! Еще более Он изумителен на фоне человеческих несовершенств, и такой способ познания придуман не нами. *Все познается в сравнении* — важнейший библейский и философский принцип, который красной нитью пройдет через всю книгу. Правильный объект сравнения — Божий характер. Это и есть добро. Когда его удается увидеть, мы тут же обнаруживаем проявления зла в себе, и два этих аспекта реальности ярко контрастируют. Если вы думаете, что нравственные преобразования избавят живущих во плоти от такого контраста или сведут его к удовлетворительному минимуму, то вы явно что-то упустили из библейского учения о Боге, о человеке, об освящении, о благо-

---

[2] Расулов Т. В погоне за ветром: Размышления над книгой Екклесиаста. Самара: Благая весть, 2019.

дати. Слово Божье учит, что проблему присутствия греха не решить до самой смерти (1 Иоан. 1:8; Иак. 3:2). Царство Небесное принадлежит нищим духом. Блажен, кто, возрастая, всегда недоволен своим духовным ростом (Матф. 5:3; Флп. 3:13–14).

Ибо не понимаю, что делаю: потому что не то делаю, что хочу, а что ненавижу, то делаю (Рим. 7:15).

[21] Итак я нахожу закон, что, когда хочу делать доброе, [рядом лежит][3] злое. [22] Ибо по внутреннему человеку нахожу удовольствие в законе Божием; [23] но в членах моих вижу иной закон, противоборствующий закону ума моего и делающий меня пленником закона греховного, находящегося в членах моих. [24] Бедный я человек! Кто избавит меня от сего тела смерти? [25] Благодарю Бога моего Иисусом Христом, Господом нашим. Итак тот же самый я умом моим служу закону Божию, а плотию закону греха (Рим. 7:21–25).

Безусловно, апостол Павел описал христианскую борьбу. Однако, используя эйзегетическую[4] эквилибристику, можно умудриться увидеть в этом тексте переживания неверующего человека. Насколько я могу судить, минимум две причины подталкивают к такому толкованию. Первая — это опасения, что подобные признания духовных немощей освобождают от ответственности духовно расти, и такая честность, мол, вовсе не честность, а оправдания, позволяющие не работать над своим характером.

---

[3] Перевод автора.

[4] Эйзегетика — привнесение своего смысла в текст. Экзегетика — выведение смысла из текста.

Вторая и самая трагичная — это когда какая-то недвусмысленная истина Писания о человеке (в данном случае) противоречит его *собственному восприятию* себя. Выбирая кому верить (себе или Библии), толкователь полагается на внутренний голос. А все перечащие этому самоощущению отрывки и стихи (Рим. 7:14–25; Иер. 17:9; Прит. 20:5; Иак. 3:2; Гал. 5:17 и др.) перетолковываются так, чтобы они не роняли самооценку и красивенько укладывались в однобокое учение о победоносной христианской жизни. Победоносная она, правда, только в своих глазах, благодаря сильно искаженному и упрощенному пониманию Божьей святости. Там вежливость и хорошие манеры считаются любовью, упрямство — долготерпением, равнодушие — миром, честолюбие — усердием, бессердечное законничество — библейской принципиальностью, горделивые амбиции — самозабвенным служением Господу, агрессивность — ревностью по истине и т. п. Ну, и, конечно же, наивысший и самый удачный обман лукавого сердца заключается в убежденности, что оно не лукаво.

Тот, кто последует политике перетолковывания неудобных истин Слова Божия, закончит либо в отчаянии (это для честных), либо в лицемерии (это для лукавых). Потому что антропологическая реальность сильнее, чем претензии на безупречность, и она, как мороз, проникает во все щели покосившейся, наспех сколоченной постройки такого учения о духовном росте.

Помните диалог из известной сказки? «Тепло ли тебе, девица?» — спрашивает Дед Мороз, мило улыбаясь. — «Тепло, батюшка», — отвечает та, стуча зубами от холода. Иначе говоря: «Как твой духовный рост, прихожанин?» — интересуется пастор с надеждой на правильный ответ. — «Всё хорошо», — со страхом отвечает тот, втайне ощущая себя «бедным человеком» (Рим. 7:24). Но ответить иначе нельзя, ведь он научен, что бедных людей в христианстве нет[5]. Так сохраняется статус-кво, и каждый может дальше жить своей жизнью.

Только благодать может примирить благоухающее небесное и, простите, смердящее земное, накрепко связав их в одно. Сила, глубина, масштаб благодати являются *ключом к толкованию библейских фактов, несущих печаль, скорбь и недоумение*. Благодать — это бронежилет, в котором без страха можно выйти под перекрестный огонь истины о Господе, человеке и устройстве этого мира и выжить. Если она вас не освободит, вы будете врать себе, другим и даже Богу, как ребенок, по уши измазавшийся в шоколаде и утверждающий, что, мол, нет, не ел, даже не прикасался. Без нее ничего правильно не осмысливается.

Без нее сама Церковь приводит в недоумение. Если вы в ней давно, то должны были заметить, что ей свойственны многие болезни, которыми мир хронически болен со времен грехопадения: лицемерие, лицеприятие, предательство, ложь, хитрость, равнодушие, лень, нечестность, клевета, недовольство, неблагодарность, осуждение, надменность, хвастовство, эгоизм, элитарность, грубость, горделивое невежество, нечистота, корыстолюбие, манипуляторство, политиканство, соперничество, зависть, сварливость, сплетни, разделения, вражда и многое другое. Уверен, что, пока вы пробегали глазами по списку, во-первых, совесть волновалась тревожным перезвоном, во-вторых, в голове возникали различные ситуации, доказывающие истинность моих наблюдений.

---

[5] Речь идет о весьма опасном и непопулярном толковании 7-й главы Послания к римлянам, согласно которому Павел якобы описывает свои переживания до обращения ко Христу. Более подробно с аргументацией против такого толкования вы можете ознакомиться на моем YouTube-канале.

Неужели я сейчас оклеветал Невесту Христову?! Не думаю. Я в ней достаточно давно и прошел все этапы от ранимой наивности до ледяного скепсиса, пока с Божьей помощью не нащупал, как мне кажется, золотую середину. Куда мне девать свои «открытия»? Отрицать и не замечать? Плохой вариант! Драматизировать? А это, кстати, неизбежно, если упустить из виду Христа — Главу Церкви. Голова безупречна, а тело несовершенно — очередной библейский парадокс. Двойственная природа Церкви — важная экклезиологическая доктрина для понимания феномена ее реального состояния. Благодаря этой двойственности она небесная и в то же время земная; красивая и ужасная, божественная и убогая, верная и неверная, вселенская и поместная, видимая и невидимая, преследуемая и преследующая, перевернувшая мир и едва заметная. Это все оно — тело Христово.

Кто обманул вас, что Церковь надо восхвалять, чтобы ее можно было любить? Разве истинный патриотизм — это отрицание недостатков своей Родины?! Настоящий, думающий патриот, а не фанатик не будет утверждать, что его страна самая лучшая. Он будет ей верен, но частенько вопреки, и будет любить, но несмотря на ее огрехи. Таким же образом апостол Павел, нежно любя поместные церкви, говорил им правду в лицо, не преуменьшая проблем и не щадя их самомнение. Мне кажется, экклезиологический патриотизм требует подобного подхода. Поскольку Церковь состоит из людей, то идеализировать ее — это все равно что идеализировать смертных.

Мои разочаровывающие открытия по жизни, конечно же, касались не только церкви. Точно такая же участь постигла меня в свое время и в отношении реальности брака, отцовства, служения, дружбы и т. п. Умноженные познания умножали скорбь и печаль, полностью попадая в Павлову тональность: «Кто избавит меня от этого тела смерти?!» Каждый удар неприглядной действительности, сбивавшей меня с ног, вынуждал хвататься за Господа, а точнее за Его благодать. И я все больше и больше понимал, что все мы отчаянно нуждаемся в незаслуженной милости, без которой не могут существовать никакие отношения и в первую очередь с Создателем.

Теория и практика освящения

Я долго и искренне не мог понять, почему не все готовы к встрече с реальностью. Поиски ответа на этот вопрос привели меня к выводу, что проблема кроется в изъянах самой теории освящения. Согласно этой теории, замешанной на законе в различных пропорциях (закон, как известно, не терпит ошибок), христианин должен стремительно уподобляться Христу. Однако практика говорит о другом, свидетельствуя, что *духовная жизнь верующих не характеризуется постоянными и радикальными переменами*, не считая момента обращения к Богу. Возникает странное и возмутительное несоответствие между продолжительностью освящения и достигнутым уровнем святости. Иными словами, времени минуло достаточно, а результат оставляет желать лучшего. Десятилетиями живут они без особых духовных преобразований, что подтвердит их ближайшее окружение. Если даже в глубине души они это осознают, то подавляют и глушат это знание, не позволяя никому, включая Бога, разрушать их самомнение.

Как следствие, любые действия, обнаруживающие духовные изъяны (обличение, исследование своего сердца, необходимость просить прощения и т. п.) доставляют таковым *ужасный дискомфорт*. И это совершенно закономерно, ибо в душной атмосфере законничества нравственная несостоятельность становится одним из самых страшных переживаний.

Следующий неизбежный результат такого сопротивления Духу я уже обозначил выше — укоренение в лицемерии. А это уже серьезно, друзья, это намеренное подавление голоса совести, что может привести даже к крушению в вере (1 Тим. 1:19). Бойтесь лицемерия, бойтесь говорить черное на белое и наоборот, бойтесь оправдываться, когда совесть сообщает о вине, бойтесь двойных стандартов, бойтесь «праведности» книжников и фарисеев. Ведь греховные привычки, к сожалению, формируются быстрее благочестивых. Кстати, почему? Согласно упомянутой теории освящения так не должно быть у возрожденных людей с новой природой. Однако вы знаете реальность — она эту теорию не подтверждает. Не отрицайте очевидное, не успеете опомниться, как по уши завязнете в болоте фарисейства, а это крайне опасное состояние сердца. Поэтому Иисус нещадно, не скупясь на обидные эпитеты, обличал самоправедных лицемеров, но был очень милосерден и великодушен к обычным грешникам, знавшим свою истинную цену (Матф. 21:28–31; Лук. 7:36–48; 19:1–10).

Если лицемерие еще не обезболило вам совесть, то вы непременно задаетесь вопросом: почему вы с Господом уже давно, а уподобление Ему идет так медленно? Перемены в момент обращения ко Христу не в счет. Я говорю об интенсивном освящении, при котором грехи отпадают, как старая штукатурка, с каждым месяцем и годом. Как насчет вашего характера и тех самых его черт, которые вы сами терпеть не можете? Где долгожданные перемены? Вас уже можно назвать совершенно новым человеком, которому *не свойственно ничего из старой жизни*? Пагубные привычки вас больше не порабощают? Вы живете без страхов, тревоги, уныния, похоти, раздражения, гнева, обид, осуждения, недовольства, лицеприятия и других низостей? Сами никого не бьете, но искренне и инициативно любите бьющих вас по лицу (Матф. 5:38–48)?

Кстати, встречаются и в наши дни те, кто с легкостью и без сомнений ответит на каждый вопрос в духе богатого юноши: «Все это сохранил я от юности моей» (Лук. 18:21). Неужели мне, подобно Иисусу, нужно предлагать вам элементарные тесты для обнаружения эгоизма, который нормальный христианин видит в себе невооруженным глазом? Печальный опыт взаимодействия с такими «праведниками» доказывает, что живут они в умопомрачительном слепом самообмане. Поэтому не будем отвлекаться на них и пойдем дальше.

Возможно, вы из тех, кто верит, что потом, в неопределенном будущем процесс преображения в образ Господа, конечно же, пойдет быстрее, и к концу жизни вы максимально уподобитесь Иисусу. Может быть, вы тоже надеетесь на духовный рывок «с понедельника». Сколько у вас таких понедельников уже прошло, а вы все тот же? Как много вам осталось на этой земле? Успеете преобразиться до неузнаваемости? Или об этом лучше не думать?

Те же, кто предпочитает не думать, или те, кого собственный уровень благочестия вполне устраивает, хотят, чтобы их поменьше напрягали «страшилками» об их истинном моральном состоянии. Слишком много неудобств и дискомфорта, с которым не знаешь, что делать. Так что они предпочитают деликатно не замечать *очевидное, длительное и пугающее отсутствие духовных перемен.*

Проснитесь, оглядитесь: церкви, браки, семьи, отношения раздираемы конфликтами! Я в служении уже достаточно давно и плотно, чтобы знать уровень благочестия среднестатистического христианина. И знаете что, я не собираюсь нагонять жути, но и лицемерно умалчивать о реальности тоже не желаю. Так что если вам становится страшно от моих размышлений, то одно из двух: *либо я преувеличиваю проблему, либо вы ее преуменьшаете*. Время покажет.

Может быть, вы как более совестливый не причисляете себя к духовным гигантам, но ссылаетесь на других, чья жизнь была до неузнаваемости преображена Христом. Это ваш знакомый, или знакомый знакомого, или знаменитый проповедник, автор книг, или уже почивший известный герой веры, чью биографию вы прочли. Слава Богу, если вам известны такие люди! Однако почему на фоне христианского сообщества речь идет об исключениях, а не о правиле? Мы же свет миру! Давайте признаемся, именно *опыт* привел нас к осознанию очевидного факта, что основная масса детей Божьих чудовищно медленно освящается. Погодите, а почему библейская теория не подготовила нас к этой информации? О подобных нестыковках поговорим чуть ниже. Сейчас вопрос в другом: есть ли у вас толкование данного наблюдения (медленный рост)?

Скорее всего, вы объясняете себе это недостаточной старательностью, духовной ленью и прочими внутренними факторами. Частично это правда, но главная же причина, на мой взгляд, все-таки в другом. Она больше в игнорируемой антропологической реальности — *в истинных возможностях* находящегося во плоти христианина.

Нестыковка теории с практикой

Я убежден, что ожидания от процесса уподобления Христу изначально сильно завышены. Теория освящения, выводимая из Библии перфекционистами и законниками и навязываемая массам, неполноценна, ущербна, не предоставляет всю картину. Помимо прочих недосказанностей, она умалчивает о том, что реальные, коренные, контрастные и быстрые изменения в характере — это почти чудо. Посмотрите на себя, на окружающих вас братьев и сестер и признайте, что, как правило, вы не наблюдаете *феноменальных перемен,* а те перемены, которые происходят, повторимся, движутся подозрительно медленно. Кстати, нередко верующие как будто наоборот деградируют. Разве нет? Я выдумываю? Вы встречали деградирующих христиан? А может, это вы и есть в данный момент жизни?

Возвращаясь к теории освящения, замечу, что ведь не зря практика названа критерием истины. Она проверяет знания на подлинность. Конечно, это не единственный критерий, и к нему нужно относится с осторожностью. Тем не менее практика хорошо проявляет многие изъяны теории. Поэтому, например, спроектированный самолет испытывают, наблюдая в полете, верно ли конструкторы рассчитали все аспекты его функционала. Там же, в полете, становятся видны недостатки и недочеты, которые будут устранять, если возможно. В любом случае, какой бы потенциал ни закладывали создатели в свое детище на этапе проектирования, только в воздухе станет ясно, что получилось на самом деле. То есть практика обнажит недостатки теории и обнаружит, где они не стыкуются.

Сделаем **очень важную** оговорку. Библейская теория (авторский замысел) безупречна и не нуждается ни в доработках, ни в практических доказательствах. Она идеальна, и с ней не может быть проблем. «Слова Господни — слова чистые, серебро, очищенное от земли в горниле, семь раз переплавленное» (Пс. 11:7). Слово Божье безошибочно! Однако у нас проблемы *с безошибочным пониманием* этого Слова, о чем я часто повторяю. Собственно, поэтому и существует такое огромное количество богословских разногласий. В богодухновенном тексте не может быть двух, тем более противоположных смыслов, а мы умудряемся их обнаружить и за них подраться. Как же так? А вот так! Поэтому, когда при изучении Библии мы делаем неправильные выводы (неверно формулируем теорию), то это, как вы понимаете, рано или поздно войдет в противоречие с практикой. Вот *в таких случаях* — внимание — практика действительно становится критерием истины.

Нестыковка наблюдается в отношении упомянутой теории духовного роста. Она порождение сильно завышенных представлений о своих духовных способностях и сильно заниженных представлениях о Божьих требованиях. Это похоже на ситуацию, когда полководец, задумав перейти реку вброд, получил неверную информацию о том, где этот брод находится. В реальности река в том месте оказалась настолько глубокой и быстрой, что потонуло пол-армии. *Практика проявила заблуждение.*

Однако не обязательно все проверять опытом, мучительно избавляясь от иллюзий через тумаки и ссадины. Истина (правильная теория) освобождает эффективно и без потерь. Мы видим в Писании, как Иисус лечит нравственное невежество по одному и тому же знакомому сценарию. Как только человек что-то начинает понимать про высоту Божьего стандарта, то он сразу что-то начинает понимать и про свое состояние.

Говорят Ему ученики Его: если такова обязанность человека к жене, то лучше не жениться (Матф. 19:10).

[25] Услышав это, ученики Его весьма изумились и сказали: так кто же может спастись? [26] А Иисус, воззрев, ска-

зал им: человекам это невозможно, Богу же все возможно (Матф. 19:25–26).

Здесь самое время напомнить вам одну хорошо знакомую схему из моих предыдущих книг. Посмотрите, как она идеально иллюстрирует вышеприведенные стихи.

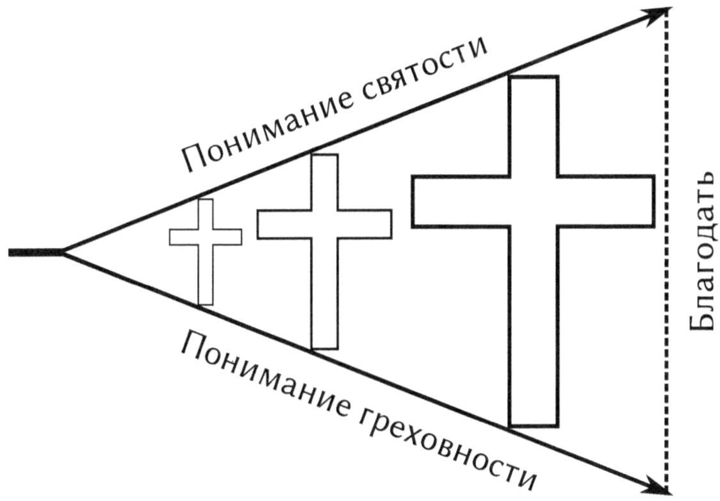

Поняв, что законы брака гораздо серьезнее, чем они полагали (святость), апостолы сразу по-другому взглянули на свои возможности (греховность). Их вывод, конечно, был смешной: безопаснее вообще не ввязываться в авантюру, работающую по системе ниппель (туда можно, обратно нет). Однако он отражал тот факт, что они выросли в понимании праведности и греха. Поэтому они испугались — можно ли поднять такую тяжелую штангу ответственности или лучше к ней даже не подходить.

Такое же озарение их ждало и в отношении спасения. Если раньше они верили в возможность угодить Богу соблюдением закона, то, поближе познакомившись с его сутью, немедленно сообразили, что всё намного сложнее. А Иисус добил их прямым заявлением, что человеку самому спастись невозможно. Это автоматически привело их к необходимости пересмотра роли незаслуженной милости в своей жизни. Вот *так* возрастают в благодати и больше никак (см. схему). С каждым озарением о Боге и, как следствие, о себе благодать растет в наших глазах, растет ее ценность, значимость и жизненная необходимость.

Давайте пересмотрим *духовный потенциал* тех, чья *плоть* будет служить закону греха до смерти (Рим. 7:14–25). Здесь не должно быть иллюзий, но они есть. И один из способов заподозрить, что некая теория была неверно выведена из Слова Божия, — это отсутствие ее практического подтверждения. Уверен, что мучительный опыт преображения в образ Христа уже породил вопросы в вашей голове.

Кстати, я надеюсь, вы не заподозрили меня в продвижении печально известного и отвратительного подхода под названием «Библия Библией, а жизнь жизнью». Я совсем не о том, что опыт должен корректировать Библию (теорию). Это недопустимо и преступно! Я о том, что жизнь *проверяет* ваше понимание Авторского замысла, обнажая теоретические заблуждения, о которых вы никогда бы не догадались, если бы не практический тупик.

Например, она уже сообщила каждому из вас, что более близкое знакомство с любым человеком приводит к одному закономерному результату — *разочарованию* разной степени. Разве нет? Я сейчас необоснованно драматизирую? Что вам говорит опыт? Неужели он отличается от моего? Ведь многое в жизни начинается оптимистично и многообещающе. А заканчивается? Поэтому распадаются браки (или очень сильно охладевают), разрушаются дружба и служения, разделяются церкви и хромают всевозможные виды отношений. *Теория освящения подготовила вас к такой реальности?* Сомневаюсь. Согласитесь, что, как правило, практика, а не теория сообщает о подобных фактах. Почему вам пришлось пройти через разочарование, недоумение, шок, замешательство, острые вопросы? Потому что ваша теория, выведенная из Библии, была неверна. Она не подготовила вас к практике. Отсюда и невесть откуда взявшиеся *ожидания.* Любое разочарование — это следствие невежества. Десятилетиями читая Библию, вы оставались в чем-то невежественным человеком. Вас это оскорбляет?

Однако бойтесь другой крайности: цинизма, скепсиса и пренебрежительного отношения к ближним, «раз все люди одинаковые». Понимание нравственного состояния смертных не противоречит любви к ним с точки зрения благодати. Именно такой безусловной любви учит нас Господь. Это *осведомленная,* закаленная и усердная любовь, которая льна курящегося не угасит и ветви надломанной не доломает (Матф. 12:20). Это любовь, движимая благодатью и расширяющая сердце так, что туда вмещаются самые невозможные люди. Она всему верит, на все надеется, все переносит, но *вопреки,* прекрасно при этом понимая, что из себя представляет объект любви. В этом ее удивительная сила.

Так что, если вы кем-то *очарованы* на данный момент, то, скорее всего, это следствие недолгого или поверхностного знакомства. Кстати, не забывайте, что я говорю о правиле. Если вам известно исключение из этого правила, то благодарение Богу. При этом и вы, и любой другой подтвердит, что *правило остается правилом.* И вместо того, чтобы с облегчением ссылаться на исключения, лучше набраться мужества и озаботиться правилом: почему в церкви среди возрожденных людей действует *такая* закономерность?! Почему без благодати *невозможно* взаимодействовать даже с теми, кто знает Христа?!

Кстати, позвольте вас спросить: по каким критериям вы определяете исключения? Знаете, что примечательно? Сильно похожие на Христа верующие — это часто незаметные люди. Мы же покупаемся на внешнее: известный проповедник, пастор мегацеркви, блогер, автор книг, христианский певец, поэт, музыкант, публичное лицо, *говорящее правильные вещи,* — вот кто естественным образом привлекает внимание. Проблема в том, что мы скоры не только на осуждение, но и на *самообольщение,* очаровываясь даже тогда, когда никто и не старался нас очаровать. Тем более попадаемся на крючок, когда сознательно пускают пыль в глаза.

А как же жизнь героев веры прошлых веков, спросите вы и сошлетесь на какую-нибудь недавно прочитанную биографию. Слава Господу за верующих, которым мы можем подражать! Спрошу только: вы не забыли включить в список героев высмеявшую Бога ропотницу Сарру, блудницу Раав, робкого Варака, самонадеянного Иеффая и держиморду Самсона (Евр. 11)? Если да, то ваша теория нуждается в доработке.

Ох уж эти биографии! Я откладываю их, как только понимаю, что передо мной рисуют портрет сверхчеловека без страха и упрека, что просто противоречит библейской антропологии. Хочется читать про того, кто возрастал в праведности, а не про того, кто имел Духа Святого от утробы матери, как Иоанн Креститель. Если автор не посчитал нужным предоставить нам полную картину, то его труд мало чем отличается от голливудских блокбастеров про супергероев или советских пропагандистских плакатов-лозунгов по типу «скорее бы понедельник и снова на работу». Выдача желаемого за действительное. Все та же искаженная теория, которая в итоге принесет больше вреда, чем пользы.

На пути избавления от заблуждений нам нужно *библейское* понимание благодати. Без нее этот процесс не стоит даже начинать из-за неподъемного веса реальности. Только верное представление о роли благодати, например, в освящении может освободить от страхов и предубеждений. Ведь веками живет и здравствует мнение, что учение о благодати понижает Божьи стандарты и духовно расхолаживает. Это один из опасных предрассудков, с которым мы обязательно разберемся.

Благодать не отменяет нашей ответственности, но единственно кто *легализует старания, ставя их на правильное основание*. Угодное Богу приложение духовных усилий проистекает из осознания абсолютной неспособности выдать святость, соответствующую Его критериям. Это значит, что, трудясь в поте лица (обязанность христиан), уповать мы должны только на милость. Парадокс в том, что, оставаясь несовершенными, *мы можем Ему угождать*, а это очень важная истина для создания правильной теории освящения, которая бесит фарисеев. Представьте, Богу можно угодить настроем сердца, *веруя в определенные истины,* не имея при этом способности быть абсолютно безупречным (Быт. 6:8–9, 9:20–21). Это одно из удивительных действий благодати.

Богоугодное послушание движимо учением о благодати. Старец Симеон был праведным и благочестивым, но надежда Его была только на Мессию и приготовленное Им спасение (Лук. 2:25–32). Божья милость всегда незаслуженная, что в день покаяния, что в день смерти, спустя хоть сто лет хождения с Господом. Это и есть знакомое вам стандартное определение благодати (незаслуженная милость). Если этот факт демотивирует вас, останавливая от стараний, то это значит, что при помощи них вы преследуете какие-то плотские цели (Лук. 18:14).

Кроме того, благодать является единственно законным основанием и для получения похвалы от Бога или людей. Она ведь не исключает духовные победы, *но рождает их!* Поэтому когда она потрудилась на славу, то всегда параллельно вбивает в разум твердое понимание, кому причитаются заслуги за достигнутые успехи.

Но благодатию Божиею есмь то, что есмь; и благодать Его во мне не была тщетна, но я более всех их потрудился: не я, впрочем, а благодать Божия, которая со мною (1 Кор. 15:10).

Побольше «благодати»

Как-то один брат призывал меня больше говорить о благодати и поменьше о грехе. Потом еще кто-то озвучил подобную просьбу, и меня поздно озарило: мы по-разному понимаем благодать. Не боясь говорить о наших несовершенствах, я всегда *подразумевал* благодать как нечто само собой разумеющееся, полагая, что и для остальных она такая же очевидная и никуда не девающаяся. Как тогда, так и сейчас логика моя следующая: незаслуженная милость (благодать) может явить себя только благодаря греху, а грех не получает моментального воздаяния благодаря благодати. Проповедуя о том, что мы сильно не соответствуем Божьему совершенству, я *автоматически* проповедую благодать просто потому, что вы и я при этом живы и благословенны. Таким же образом, говоря о незаслуженной милости, я тем самым *подразумеваю* постоянное присутствие греха, ибо именно он делает эту милость незаслуженной.

Вынужден признать, что само собой разумеющееся для меня не является таковым для каждого. Для определенной категории христиан учение о благодати *не связано* с обилием греха в их сердцах. Для них учить о благодати — это *поменьше говорить о грехе,* как будто это противоречащие друг другу концепции, что, естественно, является заблуждением, характеризующимся поверхностным и неполноценным взглядом на благодать. Это, в свою очередь, обыкновенное следствие поверхностного и неполноценного взгляда на грех. Поймите меня правильно, я не имею в виду, что они легко и несерьезно относятся ко греху. Нет, они его боятся, осознают опасность, но не видят масштаба, глубины, разнообразия и степени заражения, в первую очередь, в своем сердце. Туда они почти никогда не заглядывают, вероятно, чтобы просто не пугаться. А когда кто-то пытается их туда направить, то они не к месту вспоминают про благодать.

При случае представитель этой категории, конечно, согласится, что, мол, не ангел, грешен, врать не буду, но… кое-что, извините, могу! Я не таков, как прочие люди: не грабитель, не обидчик, не прелюбодей, пощусь два раза в неделю, даю десятую часть из всего, что приобретаю и т. д. (Лук. 18:11–12). Это, извините, немало! Так что прихожу к Богу не с пустыми руками — я тружусь, я стараюсь.

Не благодать, а такое вот антропологическое невежество дает им успокоение относительно Божьего принятия. Они связывают его во многом со своей, скажем так, хорошестью и старательностью. Заниженное понимание праведности и, как следствие, завышенная самооценка не стыкуются с благодатью. Поэтому «побольше благодати» может означать побольше приятного, не беспокоящего совесть, не лишающего контроля, не подрывающего уверенность в своих силах. Такой подход, естественно, не имеет ничего общего с библейским учением о незаслуженной милости.

Так что назрела, как мне кажется, нужда поговорить о ней самым серьезным и тщательным образом. Возможно, некоторые из вас удивятся, обнаружив свое «верное» понимание благодати на доске разыскиваемых заблуждений. И хотя это слово знакомо и заезжено, вас могут ждать неожиданные открытия. Молюсь о том, чтобы данный труд помог вам лучше понимать благодать и возрастать в ней. Как следствие, это обязательно поможет возрастать в любви к Даятелю сего бесценного дара, а также в любви к ближним. Надеюсь, к концу книги вы еще больше проникнетесь глубиной и смыслом реформаторского *Sola gratia*[6].

Самара, 2022 год

---

[6] Только благодатью (лат.)

Глава 1

Непостижимая благодать

Бог есть любовь (1 Иоан. 4:8). Это значит, что, познавая Бога, мы познаем любовь: ее сущность, законы, принципы, свойства, характер. Кажется, что речь идет о понятной и знакомой концепции, но люди умудрились вложить убогий земной смысл в каждое небесное благословение. В момент покаяния мы не избавляемся разом от плотского мышления, и поэтому на пути осмысления истины о том, *как любит Бог,* порой приходится напрягаться. Благодать — трудная для понимания концепция. Некоторые ее постулаты наше естество элементарно не может вместить (например, избрание). Она разрушает ветхую систему координат, основанную на законе, заслугах, принципе справедливости, и предлагает новую — милость, а с ней у нас нередко проблемы (Матф. 12:7).

Евангелие благодати — это фактически милость, возведенная в обязанность (Лук. 6:35–36). Прощать того, кто делает больно, противоречит человеческому естеству. Законническое нутро скорее пойдет на жертвы, чем на милосердие, решительно обрекая *себя* и ближних на страдания, лишения и многие болезненные последствия вражды. Никак не воздать преступнику за зло?! Ни словом, ни делом, ни отношением, ни мыслью, ни выражением лица?! Вообще никак не вернуть заслуженное им по справедливости?! Давайте скажем прямо: человеку это невозможно. Нужна сверхъестественная мощь Духа Святого, чтобы остановить маховик возмездия, и не стать законодателями и судьями в осуждение себе (Иак. 4:11–12). Ничего удивительного в том, что заложенный в нас от утробы матери принцип «око за око» будет препятствием на пути постижения и применения благодати.

Обозначим цель написания данной главы. Она в том, чтобы показать, почему Евангелие благодати тяжело укладывается в голове, смешиваясь с плотскими концепциями в различных пропорциях. Давайте увидим, *что* мешает познавать определенные важнейшие качества Божьего характера. Для этого, естественно, придется посмотреть в лицо антропологическим фактам, накладывающим отпечаток на сам процесс познания. Сделаем нужные оговорки, наблюдения, подчеркнем истины, которые должны быть нашими стражниками и гидами на пути взаимодействия с Господом благодати.

Познание как процесс

Любой здравомыслящий христианин согласится, что Бога можно узнать ровно настолько, насколько Тот откроется. Откровение безупречного Творца падшему творению сопряжено с трудностями, о которых мы, к сожалению, редко задумываемся. Как я писал в книге «Ближе к Тебе», непонимание настоящей реальности будет порождать реальность иную, вымышленную, ложную, что роднит нас с сумасшедшими. Это безумие, при котором рядовой считает себя генералом, толстяк — атлетом, урод — красавцем, бездарность — гением, маляр — художником, дворник — председателем ЖКХ, и т. п. А причина все та же, эдемская: слишком низко думаем о Боге и слишком высоко — о себе. Нельзя познавать Господа и одновременно не делать правильных выводов о своем моральном состоянии. Невозможно! Я безапелляционно убежден: *тот, кто слеп к красоте Божьего характера, автоматически слеп к изъянам своего.* Таковой может иметь наивысшие академические степени в богословии, великолепно знать Библию, доктрины и быть носителем здравого учения, однако, это не то же самое, что личное, глубокое знакомство с Небесным Отцом. Сей печальный феномен особенно ярко проявился в жизни религиозной элиты Израиля на момент прихода Мессии. Умники, наизусть знающие Писание, отвергли его Автора. Бог близок к сокрушенным сердцем, к тем, кто знает свое место. А для того, чтобы знать свое место, нужно хоть смутно, но видеть духовным взором «Господа, сидящего на престоле высоком и превознесенном…» (Ис. 6:1–5). Вот тогда

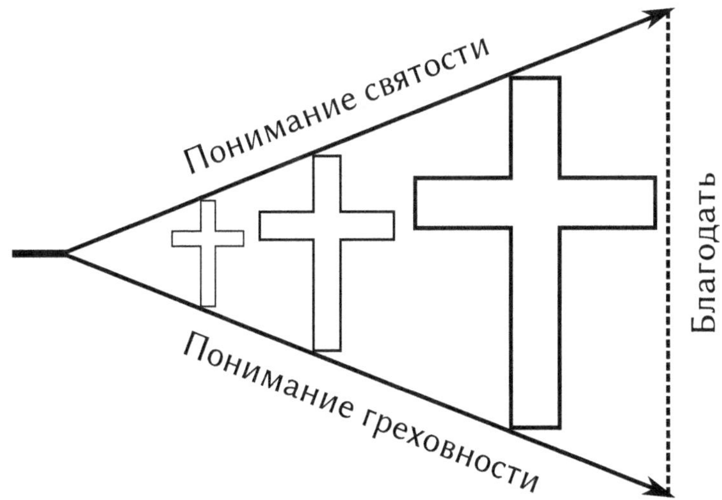

начинает работать уже знакомая вам из Введения схема. В ней сущность Евангелия благодати.

Эта гениальная и простая иллюстрация содержит в себе одну из ключевых причинно-следственных связей ознакомления с реальностью. Познание Бога всегда приводит к пониманию своего истинного духовного состояния, о котором мы и не догадывались в момент покаяния. Сокрушаясь о грехах в тот день, мы просто не знали, сколько их у нас. Мы каялись в том, что видели, понятия не имея, сколько еще предстоит увидеть.

Представление о своей греховности в первый день с Богом — это как первый день в браке. Вы верите, что будете самым лучшим супругом, способным покрыть любовью все недостатки своего спутника жизни. Однако довольно быстро становится понятно, что с вами в корне что-то не так. Дело не в том, что вы морально деградируете, хотя бывает и такое. Просто, приближаясь к Богу, вы растете в осознании, *что такое совершенство,* ибо это Он и есть. И вместе с тем автомати-

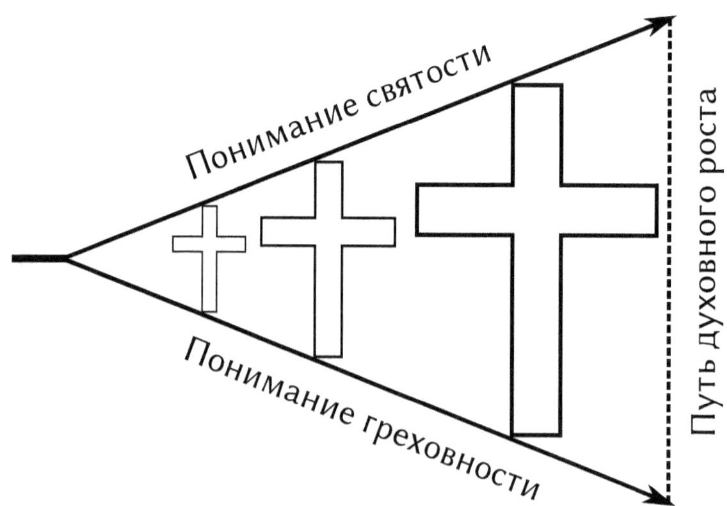

чески увеличивается время достижения совершенства. Обратите внимание, что вышеприведенная схема чуть изменилась.

То, что вы называли праведностью в начале путешествия с Богом, было больше похоже на детский рисунок. На нем сложные концепции изображены упрощенно, неряшливо, схематически, без перспективы и объема. Ну подумайте сами, разве может духовный младенец (новообращенный), питающийся молоком, а не твердой пищей, сразу понять библейское учение о Боге, человеке и причинно-следственных связях (Евр. 5:13–14)?! Конечно, нет! А поскольку концепция святости в день покаяния максимально упрощенная, такой же является и концепция греха. Как правило, в начале нет понимания его глубины, силы и «вездесущности». Поэтому путь духовного роста не кажется таким уж долгим и тернистым.

Чем эта истина важна для нашей темы? Логика проста: чем ярче свет, тем лучше видно скрытое во мраке (1 Кор. 4:5). Познание Христа открывает глаза на свое сердце и его лукавый потенциал. Это уничтожает фарисейство, смиряет, дает правильный настрой в процессе познания чего-либо духовного, ведет к осознанию полной зависимости от благодати, а также к готовности в любой момент пересматривать свои взгляды. Не доверять себе — это библейское предписание, о чем мы поговорим чуть ниже. А сейчас несколько слов о невозможности совершенного познания.

¹⁰...Когда же настанет совершенное [после смерти], тогда то, что отчасти, прекратится. ¹¹Когда я был младенцем, то по-младенчески говорил, по-младенчески мыслил, по-младенчески рассуждал; а как стал мужем, то оставил младенческое [аналогия]. ¹²Теперь [как младенцы] мы видим как бы сквозь тусклое стекло, гадательно, тогда же [как взрослые] лицом к лицу; теперь [при жизни] знаю я отчасти, а тогда [после смерти] познаю, подобно как я познан (1 Кор. 13:10–12).

Ход рассуждений Павла следующий: уча о духовных дарах (12 глава), он приходит к любви, превосходящей их по важности. Превосходство ее в том, что она останется даже после того, как *все* дары Духа станут ненужными. Это произойдет, когда настанет совершенное (ст. 10). Здесь есть разные мнения, но я соглашусь с Кальвином, Мак-Артуром и многими другими, что речь идет о совершенном, прославленном состоянии святых[7].

В этом отрывке прижизненные познания Павел сравнивает с познаниями ребенка. Он называет их не ложными, а *частичными* (ст. 10, 12). Необходимость учиться закончится с наступлением совершенного знания. Оно ждет нас после перехода в вечность и не раньше (ст. 12). А пока совершенное познание реальности недоступно, мы будем ошибаться, гадать, предполагать, мыслить и рассуждать, *как дети*, даже будучи стариками. Субъективное восприятие духовного будет неполным, и мы должны смириться с этой истиной, чтобы быть послушными Слову.

[16] Все Писание богодухновенно и полезно для научения, для обличения, для исправления, для наставления в праведности, [17] да будет совершен Божий человек, ко всякому доброму делу приготовлен (2 Тим. 3:16–17).

---

[7] Существуют мнения, что под словами «настанет совершенное» подразумевается зрелость Тела Христова или завершение канона Писания. На мой взгляд, ни контекст, ни лексика, ни грамматика, ни элементарная логика, ни сама экзегетика не подтверждают такое толкование. Это похоже на эйзегетику, движимую желанием узаконить авторитет *Sola Scriptura* (только Писание), а также найти библейское обоснование отсечению некоторых духовных даров, популярных в харизматии. Цель хорошая, но в данном случае она не оправдывает средства.

Проблема частичных познаний, как вы видите, не в Писании. Оно раскрывало сущность совершенства до того, как канон был завершен апостолом Иоанном. Дело, как обычно, в нашем несовершенстве (Флп. 3:15–16). Тот факт, что нам дано все «потребное для жизни и благочестия», вовсе не означает, что мы способны этим богатством пользоваться (2 Пет. 1:3). Подобным образом вооруженный до зубов и оснащенный по последнему слову техники новобранец может быть ранен в первые же минуты боя. Ему еще предстоит *научиться пользоваться* своими преимуществами.

Однако эрудированная гордыня некоторых не приемлет подобных утверждений. «Как это так, что мой разум с чем-то не справится, что-то не разглядит?! Кроме того, Слово Божье живо и действенно и само проделает в нас всю необходимую разъяснительную работу. Главное, читать его почаще». И, прикрываясь доктриной о могуществе, авторитетности, безошибочности Слова, они на самом деле утверждают свое могущество, авторитетность и безошибочность. Признание немощей лишает уверенности в успехе, а для таковых успех — идол. В их понимании слабости и ошибки несовместимы с победоносной жизнью, но подобное убеждение — явно плотское. Оно незаметно перекочевало в разум христианина, спрятавшись за богословскими доктринами. Это ветхое мышление, *полагающееся на собственные способности, дары, силу воли,* а не на благодать, ибо благодать не позволяет забывать о своих немощах и недостатках (2 Кор. 12:9–10).

Интеллектуальная немощь

Как упомянуто выше, признание своих слабостей и несовершенств отвязывает от врожденного упования на себя, переключая его на Господа. Библейская антропология ставит перед фактом внутренних препятствий на пути духовных преобразований. Некоторые из них будут вредить нам до гробовой доски. Видя свое естество, мы начинаем *больше ходить верой и упованием*, а это именно те качества, которые крайне важны для познания Бога и угодного взаимодействия с Ним (1 Кор. 8:2–3).

> *⁵Надейся на Господа всем сердцем твоим, и не полагайся на разум твой. ⁶Во всех путях твоих познавай Его, и Он направит стези твои (Прит. 3:5–6).*

Кто может отказаться от искушения полагаться на разум в духовных вопросах? Только тот, кто не доверяет *себе* всецело, помня об ущербности своего мышления. Это именно то, к чему призывает вышеупомянутый стих: не доверяй своему разуму. Слово Божье вынуждает признать свою когнитивную немощь (Пс. 138:23–24). Разве может плохо видящий полагаться на зрение?! Разве может плохо слышащий полагаться на слух?! Полуслепой, естественно, не доверяет своим глазам, потому что знает: это может стоить ему жизни. Он доверяет *другим* органам чувств, а также соглашается со своей зависимостью от окружающих.

Точно так же нужно возложить свое упование на Бога, а не на разум, с каким бы отличием мы ни закончили самые элитные учебные заведения. Оговариваюсь: образованность — это не плохо. Учитесь, если у вас есть такая возможность. Просто помните, что знание может надмевать, и это проблема сердца, а не излишней информированности (1 Кор. 8:1). Так вот, возомнить себя истиной в последней инстанции — это будет одна крайность. Другая — зациклиться на своих недостатках и впасть в депрессию. И то, и другое — проявление гордыни. Повторюсь, *немощь должна заставить уповать на правильный объект* — вот и всё! «Коня приготовляют на день битвы, но победа — от Господа» (Прит. 21:31).

Итак, в духовной сфере у нас проблемы со зрением и слухом. Эта истина напрямую исходит из Писания. Не обращайте внимание на тех, кто, выпячивая и искажая учение о новой природе христиан, пытается заставить вас уверовать в свое интеллектуальное и моральное могущество. В этом аспекте наше отличие от неверующих состоит в том, что мы все же видим Бога и слышим, хоть и частично. Мы не только способны познавать Его, но и желаем этого. Однако если бы мы познавали Творца без искажений, то разве бы церковь была так разделена по богословским вопросам?! Если бы мы познавали Его без трудностей, то разве бы нам требовалось регулярно читать Библию, напрягаясь, недоумевая, не понимая, то и дело меняя точку зрения или напрочь что-то упуская?!

Вспомните, как вам открывались какие-то библейские истины спустя десятилетия непрерывного чтения, и вы искренне удивлялись и огорчались своему продолжительному невежеству. Более того, скорее всего, кто-то *помог* вам прозреть. Возможно, вы так и оставались бы в неведении, обладая при этом «новой природой» и «всем потребным для жизни и благочестия». Все это время вы были *слепы,* пока Дух Святой не вразумил. Сколько еще такого закрытого осталось в строчках вашей Библии? Попробуйте извлечь силой воли, как мантру повторяя перед зеркалом по утрам: у меня новая природа, новая природа, новая природа. Извините за иронию, но давайте не переоценивать возможности верующих в отношении познания реальности (Пс. 138:23–24; 1 Кор. 13:10–12; Флп. 3:13–16). Убежден, что ваш собственный опыт идеально совпадает с учением Писания по данному вопросу. Пойдем дальше.

Опасность человекоподобия

Вы знаете, что описание Бога в Слове изобилует так называемыми антропоморфизмами. Это наделение Его физическими и психическими свойствами, присущими человеку. Вот несколько явных примеров в одном отрывке:

16 Очи Господни обращены на праведников, и уши Его — к воплю их. 17 Но лице Господне против делающих зло, чтобы истребить с земли память о них (Пс. 33:16–17).

Никто не будет спорить, что Бог есть Дух, а Дух не обладает глазами, ушами, лицом. Здесь все просто. Сложнее с антропоморфизмами, относящимися к свойствам души. Вот один из таких непростых:

Новомесячия ваши и праздники ваши ненавидит душа Моя: они бремя для Меня; Мне тяжело нести их (Ис. 1:14).

Как вы видите, Господь ярко и понятно описывает Свои переживания. Его отношение к происходящему легко считывается. Но в антропоморфизмах есть подвох, о котором нужно знать. Описывая Свое состояние, Творец вынужден *упрощаться, снисходить,* говоря на понятном для твари языке. И речь идет в первую очередь не о лингвистике, а о концепциях, идеях, образах, плохо укладывающихся в искаженном грехом мышлении. Помимо присутствия греха, человек, по умолчанию, ограничен, конечен и зависим, а значит, такой же у него и разум.

Согласитесь, что несовершенство будет иметь трудности с познанием Совершенства (Рим. 11:33–34). Это все равно что картинку, скажем, в пятнадцать мегабайт сжать до нескольких байтов. Что страдает? Правильно — качество изображения. Поэтому мы и не можем увидеть всё, что нам хотели бы показать. Это данность человеческих возможностей. Между Господом и нами интеллектуальная пропасть, которая может как-то преодолеваться только с Его стороны (Пс. 118:18). Каким образом? Открываясь нам, безграничный, бесконечный и независимый Бог вынужден упрощаться, представляться *человекоподобным*. Это и есть тот самый неизбежный удар по качеству. И тогда Тот, Кто никогда не устает, предстает перед нами *уставшим,* как мы прочли выше. Это образ, понятный тем, у кого есть пределы и подобные переживания.

«Но погодите, — возможно, возразит кто-то. — Мы созданы по образу и подобию Творца?! Разве этот факт не делает Его доступным для познания?! Зачем Ему снисходить? Может быть, Он просто уже поднял нас на Свой божественный уровень и решил проблему взаимодействия между вечным и конечным?»

Образ и подобие Божье в человеке — это отдельная тема. Все богословы подтвердят, что Писание не дает определения, в чем именно заключается наше сходство с Создателем. Здесь существуют только предположения, и они *должны* остаться таковыми. Отвечая на вероятное возражение, давайте размышлять исходя из известного. Отвергнем сразу мысль, что сходство касается нашего интеллекта, ибо ангелы однозначно умнее нас. Однако про них не сказано, что они созданы по Его образу, а в человеке присутствуют аспекты богоподобия даже в падшем состоянии (Быт. 9:6). В любом случае, тот факт, что человек создан по образу Творца, не побуждает его вступить в общение с Ним (Рим. 1:19–25). Вывод: *неизвестно*, в чем именно выражается общность Бога с человеком, но точно *известно*, что этот аспект ничуть не приближает к Нему, как это очевидно из тотального неверия общества. А когда кто-то все-таки обращается к Господу, проблема Его непостижимости все равно не решается.

Итак, пред Творцом стоит непростая задача: уподобляясь человеку для общения, постоянно при этом подчеркивать Свое превосходство и непохожесть. *Подобный нам Бог — это и удивительно, и опасно одновременно.* Удивительно потому, что, снисходя на наш уровень, Он становится понятным и близким. А это так важно! Это делает процесс богопознания в принципе возможным, ведь отношения с Ним — смысл человеческого бытия. Как общаться с Безначальным, не имея общих точек соприкосновения?! Как стремиться к Огню Поядающему, не ощущая исходящее от Него тепло?! Как любить Всемогущего, если не возрастать в познании Его нравственной красоты?! А возьмите молитву — это же не только планерка, обсуждение предстоящих дел и просьба о помощи в реализации задуманного, но в первую очередь общение между Отцом и детьми, радостные, добровольные, глубокие отношения. Земные цари хотят от подданных не любви, но покорности, а Царь Небесный ожидает еще и самой сильной любви.

Теперь об упомянутой выше опасности. Она в том, что, открываясь нам, Бог рискует стать слишком человекоподобным. Возникает искушение судить о Нем по себе, очеловечивая до такой степени, что *присущее смертному приписывается Бессмертному.* Это происходит незаметно и естественно, как подвыпивший не отслеживает свою нетвердую походку и заплетающийся язык. И поэтому Слово постоянно возвращает нас в реальность Божьего превосходства.

Из-за нашей антропологической ограниченности Создатель иногда *выглядит противоречивым.* Согласитесь, что космос не заканчивается там, где заканчиваются возможности самого мощного телескопа. Отдаленные галактики не прячут от нас свои секреты, просто мы не в состоянии до них добраться. Та же проблема препятствует и познанию Творца, особенно в контексте трагичных жизненных ситуаций. Мы никогда не видим картину в полноте (Еккл. 3:11).

К примеру, мы пытаемся постичь Бога, не желающего смерти грешника, но при этом избирающего ко спасению. Мы изнемогаем, сравнивая милосердного Господа, простившего с Креста закоренелых нечестивцев, с Господом, повелевшим медведицам за словесное оскорбление пророка разорвать несколько десятков детей или подростков, едва вставших на путь глупости. В недоумении силимся мы понять никогда не лгущего Иегову, требующего от фараона отпустить евреев в пустыню «на три дня пути, чтобы принести жертву»[8].

Он твердыня; совершенны дела Его, и все пути Его праведны; Бог верен, и нет неправды в Нем; Он праведен и истинен... (Втор. 32:4)

Вот что наш разум должен усвоить, но усвоить верой, а не так, как он привык, — путем рационального пошагового четкого алгоритма, ведущего к решению нравственной головоломки по типу: делимое : делитель = частное, или слагаемое + слагаемое = сумма. Все ясно, понятно, причинно-следственная связь прослеживается, не возникает вопросов к результату, ибо очевидно, как он образовался. Да, в большинстве случаев Бог открывает нам компоненты, из которых складывается та или иная истина, и мы можем понимать логику Его действий. Но всегда будет то, что нужно принять на веру, не имея возможности объяснить, как так получается, что $1 + 1 + 1 = 1$ (парадокс Троицы). «Бог есть свет, и нет в Нем никакой тьмы» (1 Иоан. 1:5). Каждый Его шаг — это

---

[8] Бессмертное Всемогущество могло просто поставить перед фактом жалкую, немощную, смертную кучку атомов в золотой короне: «Мой народ уходит! Навсегда! Точка!»

безупречное взаимодействие мудрости, всевластия, праведности и всех остальных качеств.

Опасность опыта

Разве ты не знаешь? Разве ты не слышал, что вечный Господь Бог, сотворивший концы земли, не утомляется и не изнемогает? Разум Его неисследим [непостижим] (Ис. 40:28).

Отталкиваясь от этого стиха, скажем несколько слов о роли опыта в богопознании, а вернее об опасности, связанной с ним. Сопоставляя данный отрывок с предыдущим, где Бог говорит, что Ему тяжело, кто-то, возможно, предположит, что физически Он не может уставать, а психологически или эмоционально — может. Говоря иначе, Его могуществу нет предела, а терпению есть. Ведь именно так мы и представляем себе Создателя. Если у нас терпение оканчивается гневом, то, значит, и у Него. Если мы можем разочаровываться, то, значит, и Он. Если мы ставим на ком-то крест, значит, и Он. Так мы творим Господа по своему образу и подобию. Во взаимодействии с Ним мы постоянно отталкиваемся от знакомого и присущего человеку, то есть от собственного или чужого *опыта*. Да, опыт является одним из критериев познания реальности, но с большими оговорками. *Он не может быть истиной в последней* инстанции, и это легко доказать.

Во-первых, если вы до сих пор не испытали что-то желанное, это не значит, что такого не существует. Вас никто и никогда не любил безусловно? Данный опыт не говорит, что такой любви нет. Во-вторых, если что-то свойственно вам, не факт, что это обязательно свойственно другому. Тот, кто судит людей по себе, всегда неизбежно ошибается. Тем более ошибки гарантированы в суждениях о совершенном Создателе. В-третьих, вы почти ничего не можете понимать о том, что никак не сопоставимо с опытом.

К примеру, слепорожденному невозможно объяснить что-либо в зрительных образах: цветах, формах, перспективе. Визуализация для него в принципе недоступна. Она существует, всегда находится рядом, *но никак не становится частью его опыта*. Конкретное, в данном случае физическое ограничение не позволяет перейти на новый уровень познания реальности, а значит, и на новый уровень информации, возможностей, ощущений и переживаний.

Так же, как плохо видящий не может в полной мере наслаждаться окружающим миром, мы не в состоянии полноценно узреть красоту Создателя Вселенной. Нам доступны лишь ее отблески. Великолепие ее главным образом выражается в любви, подобной бесценному, чистому бриллианту с многочисленными сверкающими и переливающимися гранями. Его любовь «долготерпит, милосердствует, не завидует, не превозносится, не гордится, не бесчинствует, не ищет своего, не раздражается, не мыслит зла, не радуется неправде, но сорадуется истине; все покрывает, всему верит, всего надеется, все переносит, никогда не перестает» (1 Кор. 13:4–8). Мы пробегам по этим словам глазами, но в каждом заключен глубокий смысл, достойный отдельного изучения и осмысления. Это описание восхитительного, удивительного, совершенного характера, с которым мы вступили в общение. В человеческом лексиконе просто нет соответствующих слов и концепций, чтобы описать неземную красоту Иисуса. Он прекрасен, чист, безупречен! И откровенная слабость наших когнитивных способностей уходит корнями не только в ограниченную тварную природу, но и в нынешнее духовное состояние. Эти два фактора, как плохое зрение, сильно мешают богопознанию.

Теперь мы видим как бы сквозь тусклое стекло, гадательно, тогда же лицом к лицу; теперь знаю я отчасти, а тогда познаю, подобно как я познан (1 Кор. 13:12).

Повторимся, что главный посыл этого стиха в утверждении *плохой видимости* (ограниченности) на пути познания духовных истин. Этот изъян не исправит никакое богословское образование, но лишь физическая смерть и прославленное состояние. Поэтому нужно смириться со своими несовершенствами и приспособиться к ним, как инвалид, ограниченный увечьем, приспосабливается к жизни.

Что это означает? Подобно калеке, осознающему свою уязвимость, мы должны помнить, как несовершенны наши познавательные способности и, как следствие, *знания*. Это поможет как минимум быть менее категоричными (1 Кор. 8:2). Приспособиться к ущербности своего разума — это в первую очередь перестать уповать на него, как на безупречный инструмент познания духовной реальности, о чем мы говорили выше (Прит. 3:5–6).

Подведем итоги. Антропологическая аксиома звучит так: *познание Бога значительно затруднено греховностью и тварностью.* В земных науках разум чувствует себя как рыба в воде, но когда речь заходит о небесном, то он может подвести. Поэтому вера первична для отношений с Господом. «Верую и потому разумею», — когда-то заметил Августин, и с этим не поспоришь.

Вера предшествует познанию

Нельзя не похвалить апологетическое рвение богословов, пытающихся дать толкование сложным отрывкам, и во многих случаях, как мне кажется, успешно. Однако вера остается главным компонентом взаимодействия с Господом, и не безосновательно. Во-первых, разуму не осилить многие, особенно парадоксальные библейские истины либо из-за их сложности, либо из-за недостатка информации (Втор. 29:29). А во-вторых, даже те концепции, которые ему вроде понятны, он все равно вынужден принимать на веру. Ведь ничего нельзя проверить, когда речь идет о невидимом и духовном. Чтобы дать рациональное объяснение каким-то Божьим действиям (работа для разума), нужно сначала *уверовать* в истины, которые Бог провозгласил в Своем Слове (работа для веры). Только уверовав в них, мы можем ими оперировать для толкования самого Слова и жизненных ситуаций. Напрягая ум для решения каких-либо библейских головоломок, мы вынуждены опираться на что-то известное, незыблемое, например, Божьи качества (добрый, праведный, справедливый, всевластный и т. д.), но в это «известное» мы ведь сначала *поверили!* Неверующий разум либо отрицает, либо ставит под сомнение то, что мы принимаем как само собой разумеющееся. Так что все начинается с нее, родимой, — с веры, и на ней держится. Еще раз прочтем:

⁵Надейся на Господа всем сердцем твоим и не полагайся на разум твой. ⁶Во всех путях твоих познавай Его, и Он направит стези твои (Прит. 3:5–6).

Надейся на Господа — это то же самое, что уповай, доверяй, верь. Данный стих утверждает также конечный авторитет. Понятное дело, что он не в разуме и не в самой вере, а в объекте веры, ибо можно очень сильно верить в чушь. Познание Бога, человека и законов жизни приходит, главным образом, через Писание. Оно, во-первых, сообщает истины, недоступные для самостоятельного обнаружения (откровение), во-вторых, дает толкование всему, с чем мы сталкиваемся. Все это принимается на веру. Однако *самонадеянность* не испаряется в момент обращения, а данный стих предостерегает именно против нее. Иногда трудно идти против собственных логических выкладок, ибо они кажутся такими правильными, здравыми, разумными, очевидными, библейскими.

Теперь поместим эту истину в контекст размышлений о нравственных качествах Божьего характера, благодаря которым мы получили благодать на благодать (Иоан. 1:16). Предупреждение из книги Притчей обязывает *поверить в истины, не находящие опоры в земном опыте и не вмещающиеся в человеческое понятие рационального*. Вера в написанное ведет в осмыслении благодати, милости, любви. Почему вера? Потому что благодать тоже непостижима, а значит, не по зубам даже самому гениальному уму. Непостижимость обычно приписывается непередаваемым Божьим атрибутам, таким как всемогущество, всезнание, вездесущность, всевластие, самодостаточность и т. п.[9] Действительно, ограниченное во всех смыслах да еще и поврежденное грехом мышление здесь не особо поможет.

Взять, к примеру, *безначальность*. Вокруг всё живое имеет начало и конец. Как постигнуть идею вечности Бога, не находящую опоры в окружающей реальности?! Разум не в состоянии объять нечто, превосходящее его по мощности. Это как попробовать уместить терабайт информации на флешке в один гигабайт, да простит меня читатель за еще одно сравнение из области технологий.

---

[9] Непередаваемые атрибуты — это божественные качества, которыми творение не может обладать.

Такая же беда и с осмыслением *неизменности* Создателя. Как ее вместить, когда вокруг сплошная цикличность, перемены, преобразования, метаморфозы, деградация, усовершенствования, да и мы сами клубок противоречий?! Вчера мы хотели, ценили, хвалили одно, а сегодня — другое и, порой, прямо противоположное. Вчера были в ком-то уверены, а сегодня нас продали за ломаный грош. Вчера пообещали, а сегодня забыли или пожалели, что пообещали. Вчера пребывали в чудесном расположении духа, а сегодня смерти себе просим. Внутренние переживания — это одна сплошная непоследовательность, контрасты и постоянная толчея противоречивых чувств. Неизменность — это не про нас.

А как насчет *самодостаточности и независимости?* Что мы, зависимые от пищи, воды, воздуха, температуры, атмосферного давления, влажности, света и десятка других физических и психических факторов, вообще можем знать про эти концепции?! Как вообще возможно производить действительно объективные суждения, каждую минуту будучи изменчивым продуктом недосыпа, усталости, химических реакций, гормонов, особенностей характера, воспитания, уровня интеллекта, привычек, чьего-то примера и влияния, недостатка информации, давления обстоятельств, всевозможных страхов, личной неприязни или симпатии и чьего-то треплющего нервы поведения?! И это далеко не полный список, при том, что я молчу про воздействие темных сил, чье вмешательство мы даже не отслеживаем, ибо не обладаем соответствующим «оборудованием». Люди, опомнитесь! О какой объективности может идти речь, если вы хоть что-то знаете про то, что из себя представляет человек?!

Как это никогда не уставать? Как можно быть везде одновременно и строить индивидуальные отношения с миллионами личностей?! Как можно совершенно контролировать все процессы во Вселенной от галактик до микробов?! Это невозможно понять! В это можно только *верить*.

Вот ровно таким же образом нужно верить всем сердцем в то, что Божья благодать излила на нас любовь, которая отличается от нашей, как музыка от храпа. Она не находит отражения в земном опыте. Это непостижимая любовь, любовь, превосходящая разумение.

…И уразуметь превосходящую разумение любовь Христову, дабы вам исполниться всею полнотою Божиею (Еф. 3:19).

Прямым текстом здесь сказано, что любовь Христова превышает наши познавательные способности. Это факт! Тогда как можно познать любовь, превышающую разумение? Во-первых, нужно уразуметь, что ее нельзя уразуметь. Она *непостижима*. Кроме того, речь идет о том, чтобы познавать ее до максимально возможной степени. Наполняясь любовью, мы наполняемся полнотой Божьей, потому что Он и есть любовь. Можно сказать и иначе: наполняясь Богом, мы наполняемся любовью. Его присутствие в нас выражается в первую очередь в способности любить ближнего, ведь любовь — это Его сущность (1 Иоан. 4:8). Познавая изливаемую на нас любовь, мы познаем Его, как по вкусу и качеству еды судят о профессионализме шеф-повара.

Непостижимость Бога гарантирует непостижимость и Его любви. А раз она не может быть до конца осмыслена, то и подражать ей во всем не получится. Следовательно, Божья любовь всегда будет стоять над нашей способностью любить, простираясь за горизонт видимых пределов. Она не имеет аналогов в мире людей. Мы должны принять ее как данность, не укладывающуюся в разуме. Верой мы принимаем Христа и Его любовь.

¹⁷...Верою вселиться Христу в сердца ваши, ¹⁸чтобы вы, укорененные и утвержденные в любви, могли постигнуть со всеми святыми, что широта и долгота, и глубина и высота, ¹⁹ и уразуметь превосходящую разумение любовь Христову, дабы вам исполниться всею полнотою Божиею (Еф. 3:17–19).

После того, как Христос вселился в сердце, мы можем укореняться и расти в Его любви, постигая, что она из себя представляет (ст. 17–18). Такое познание ведет к наполнению Богом (ст. 19). Павел использует интересные сравнения: широта, долгота, глубина, высота. Речь идет о чем-то всеобъемлющем и огромном, как пространство. Писание, на мой взгляд, представляет три основных свойства Божьей любви, которые, как система координат (x, y, z), позволяют ориентироваться в безграничных просторах благодати. Благодаря трем этим качествам благодать становится объемной и все наполняющей (широта, долгота, глубина, высота).

Итак, Божья любовь безусловная, беспредельно жертвенная и бесконечная. Все остальные ее характеристики подчиняются этим трем и помогают лучше раскрыть их. Каждой посвящена отдельная глава, и когда мы посмотрим на них поближе, то увидим, что они являются столпами благодати. Изучая их, мы будем возрастать в вере. Она поведет в дальнейшем познании Господа, чтобы еще больше вникать в непостижимую любовь Христа и, как следствие, наполняться Богом (Еф. 3:19). А наполняться Богом — значит уподобляться Ему.

Кто не любит, тот не познал Бога, потому что Бог есть любовь.

—— 1 Иоанна 4:8 ——

Глава 2

Благодать, научающая благочестию

Большинство евангельских христиан принимают спасение как дар и признаю́т, что вечную жизнь нельзя заслужить. Благодать легко воспринимается, когда речь идет о прощении грехов до покаяния. Во всех здравых церквях учат:

> *⁸ Ибо благодатью вы спасены через веру, и сие не от вас, Божий дар: ⁹ не от дел, чтобы никто не хвалился (Еф. 2:8–9).*

Я сам!

Но вот мы спасены, получили новое сердце, и поэтому теперь, кажется, пора начать что-то заслуживать, справляться *самому*. Не может же нужда в благодати остаться такой же, как и до обращения. Самодостаточность, стремление к независимости проявляют себя с младых ногтей. «Я сама!» — частое требование моей трехлетней дочери, когда я пытаюсь помочь ей в том, что она еще не в состоянии выполнить. Претензия есть, а вот способности осуществить задуманное, как правило, нет. Она покушается на решение задач, с которыми сама не справится: собрать сложный пазл, влезть в тугие ботинки, завязать шнурки, налить молоко в стакан, положить себе кашу и т. д. И мне приходится ждать, пока она не попросит о помощи, если, конечно, речь не идет о вероятном нанесении физического вреда себе, а нам материального. Удивительно, как болезненно многие из нас ощущают свою беспомощность, старясь побыстрее уйти в самостоятельное плавание.

Вдумайтесь в суть проблемы самодостаточности и независимости. Нетрудно догадаться, что корнями она уходит в гордость. Гордость есть претензия на божественность, желание быть кем-то большим, чем предусмотрено Дизайнером[10]. Отсюда и вера в свои силы. Чтобы поверить в себя, нужно быть невежественным человеком относительно того, как устроена реальность. Это упомянутое ранее заниженное представление о Божьих критериях качества, завышенное — о своих способностях и, как следствие, упрощенное, искаженное понимание причинно-следственных связей.

«Я смогу!» — убежден выпускник семинарии. Он тщательно изучил богословие, древние языки, разработал философию служения и готов ринуться в бой. Предвкушая, как его экспозиционная проповедь преобразит братьев и сестер, приведя общину к истинно библейской модели, с энтузиазмом принялся он возвещать истину. Наш ревностный брат поставил задачи, прикинул, сколько времени на их достижение потребуется, запланировал кучу реформ и церковных преобразований. На данном этапе ему все ясно, понятно, и он

---

[10] Расулов Т. Научи меня любить. Самара, 2016. Гл. 1.

подготовлен отвечать на мало кого интересующие богословские вопросы.

Пройдет время, и реальность обтешет его, как следует. Одно из главных и первых открытий, которое его раздавит, демотивирует и ошеломит, — это убийственное осознание полной беспомощности. Кстати, этот вывод ему поможет сделать практика. Странно, а должна была помочь теория еще на стадии обучения. И помогла бы, если бы действительно соответствовала Библии. Но это одна из сотен тех нестыковок теории с практикой.

Так вот, не сразу, но он поймет, что ничего не контролирует. Вообще ничего! Он будет уверенно грести и рулить по всем правилам библейской теории, а лодка будет двигаться и поворачиваться туда, куда захочет. Он будет готовить полезные (с его точки зрения) разъяснительные проповеди, а люди будут болеть одними и теми же духовными болезнями из года в год. Он будет пытаться реформировать отдельные служения, приводя их в соответствие со здравым учением, и в то же самое время с горечью убеждаться, что он бьется, как рыба об лед. Не раз в сердцах от отчаяния он пнет своих упрямых, «незрелых» овец, да и они, будьте уверены, не оставаясь в долгу, его избодают.

Исключение здесь составят только пасторы-диктаторы, уничтожающие на корню всякое инакомыслие. Любой, кто посмеет им возражать, как пробка вылетит из служения, а потом из церкви, и, если повезет, не отлученным. Обычных же пастухов ждет прозрение и, дай Бог, не очень долгий, но болезненный переход в реальность. А реальность эта называется благодать. Он обнаружит, что без нее здесь вообще ничего не работает и не может работать. Каждый механизм, винтик и шестеренка функционирует с перебоями. Он поймет, что нужно быть готовым к неприятным неожиданностям двадцать четыре часа в сутки, что, оказывается, к возрожденным людям надо бесконечно являть милость и снисходить (Еф. 4:1–3). Убери долготерпение — рванут накопившиеся горючие пары недовольства. Вычти смирение — не получится договориться даже по пустяковому вопросу. Не прояви снисхождение — взаимное осуждение растерзает общину в клочья.

Благодать, как масло в моторе, хранит детали церковного механизма от мгновенного износа. Она компенсирует все наши многочисленные промахи в отношениях с Богом и людьми. О, как мы недооцениваем ее стабилизирующую, спасающую, направляющую роль! В этом смысле мы подобны ребенку, сидящему на коленях отца за рулем автомобиля. Сын с упоением крутит руль, не отдавая себе отчета в том, что папа смягчает его резкие движения, не позволяя машине въехать в ближайшее дерево. До педалей газа и тормоза его ноги, естественно, не достают, так что настоящий водитель предусмотрительно сам ими пользуется в зависимости от очередного лихого маневра его любимого стажера. Да, в каком-то смысле мы ведем машину, но до такой степени с помощью благодати, что это вызывает недоумение.

Но благодатию Божиею есмь то, что есмь; и благодать Его во мне не была тщетна, но я более всех их потрудился: не я, впрочем, а благодать Божия, которая со мною (1 Кор. 15:10).

Кто сделал Павла тем человеком, которого мы знаем и уважаем, и кто совершил через него великие дела? Об этом сказано прямо: благодать! Она потрудилась и в нем, и через него. Но некоторые крайне раздражены отсутствием дозволения в Писании хвалиться чем-либо, кроме Христа, что не мешает

им все равно хвалиться. «Ибо кто отличает тебя? Что ты имеешь, чего бы не получил? А если получил, что хвалишься, как
будто не получил?» (1 Кор. 4:7). Гордость — живучая зараза,
поэтому апостол оставил это увещевание для всех христиан.
Учение о благодати в том виде, в каком его подает Писание,
плохо укладывается в голове, о чем я писал в предыдущей
главе.

В христианском интерпретации самодостаточность — это
суть лукавая ветхая природа, которая, прикрывшись учением
о новой природе, пытается узаконить при помощи Библии
амбиции на божественность. Они просто замаскированы под
стремление к заповеданному совершенству. Итак, на пути
к благочестию благодать первым делом ликвидирует стремление к самодостаточности и независимости.

*Я есмь лоза, а вы ветви; кто пребывает во Мне, и Я в нем,
тот приносит много плода; ибо без Меня не можете делать ничего (Иоан. 15:5).*

Благодать и прощение

В этой главе я хочу показать, как благодать учит праведности.
Для этого давайте сначала посмотрим, какая между ними
связь. Говоря о благодати, мы всегда подразумеваем прощение как незаслуженную милость. Прощение — это дитя благодати. Сама возможность обрести помилование у Того, Кто
приговаривает к смерти за малейшее нравственное несоответствие Себе — самое настоящее чудо. Как же это можно —
согрешить и избежать наказания?! Это бесценное действие
благодати.

Проецируем это действие на человеческие отношения
и понимаем, что являть благодать — это фактически бесчис-

ленно прощать за одно и то же. Мы не будем этого делать, пока не поймем, что именно так и поступает Бог Отец в отношении нас. Кратко обсудим две составляющие, без которых нет истинной праведности.

1. Ненависть ко греху. Творец не понижает Свои стандарты святости даже для тех, кого возлюбил. Они всегда будут неизменными, как и Он Сам. Бог ненавидит зло, и это отрадно. *Это самая прекрасная ненависть во Вселенной.* Именно ей Он учит нас с момента покаяния. Ненависть к злу — лучший предохранитель от греха (Прит. 8:13). Вот почему Иисуса невозможно было результативно искусить. Вся Его сущность естественным образом содрогалась от мерзости непослушания. Ни одно из желаний Сына Божия не являлось греховным. Напротив, всем сердцем Он хотел исполнять волю Небесного Отца, ибо их воли, читай желания, были абсолютно синхронизированы. Христос буквально готов был с радостью умереть, лишь бы не замараться грехом. Не то чтобы Он радовался смерти, но она для Него была гораздо отраднее, чем перспектива неправедного выбора. И такое отношение к злу уходит корнями в Его естество и нравственные ценности.

Грех подобен смертельному вирусу, а Божий гнев — иммунитету, убивающему все инородное, что угрожает организму. Залог безопасности Вселенной — это неизменный Бог, любящий любовь и ненавидящий ненависть.

2. Любовь к грешнику. Праведник стремится исполнять волю Божью. Воля Его выражена в заповеди возлюбить ближнего, как самого себя (Рим. 13:9–10). Нет понятия праведности без любви к ближним — далеко не совершенным людям. Поэтому любить придется тех, кто не прекращает делать зло. Так мы подражаем Богу (Матф. 5:43–48). Бог возлюбил нас, когда мы были еще грешниками, то есть неискупленными, неоправданными (Рим. 5:8–10). Оправдавшись, мы ушли от греха как от образа жизни, но не перестали грешить (Иак. 3:2–10; 1 Иоан. 1:8–10; Рим. 7:14–25). Значит, не исчезла нужда в благодати при взаимодействии с нами.

Итак, грех так или иначе остался, но гнева Божия больше нет. Благодать его нейтрализовала, усыновив нас Богу (Иоан. 1:12–13).

[15] Потому что вы не приняли духа рабства, чтобы опять жить в страхе, но приняли Духа усыновления, Которым взываем: «Авва, Отче!» [16] Сей самый Дух свидетельствует духу нашему, что мы — дети Божии (Рим. 8:15–16).

Важно отметить, что только уверовавшие получили возможность избежать грядущего гнева (1 Фес. 1:10). Его не осталось, потому что он был излит на Мессию. Это очень важная веха размышлений о благодати. Иисус умер за *все* грехи (прошлые, настоящие, будущие). Отцу пришлось отвернуться от Своего возлюбленного Чада, чтобы я и вы могли свободно войти в Его присутствие — Святое Святых. Если вы знаете Иисуса, то поймите, пожалуйста, что Отец Небесный просто *не может гневаться на вас*, ибо мы сокрыты в Его Сыне, как Ной в ковчеге. Да, как добрый Отец он будет вас наказывать в случае необходимости, но это будет только лишним доказательством Его самых нежных чувств.

[5] …И забыли утешение, которое предлагается вам, как сынам: сын мой, не пренебрегай наказания[11] Господня, и не унывай, когда Он обличает тебя. [6] Ибо Господь, кого любит, того наказывает [воспитывает]; бьет же всякого сына, которого принимает. [7] Если вы терпите наказание,

---

[11] Это греческое слово [παιδεύω, *пайдэуо*] относится к концепции воспитания, а не возмездия или правосудия.

то Бог поступает с вами, как с сынами. Ибо есть ли какой сын, которого бы не наказывал отец? [8]Если же остаетесь без наказания, которое всем обще, то вы незаконные дети, а не сыны. [9]Притом, если мы, будучи наказываемы плотскими родителями нашими, боялись их, то не гораздо ли более должны покориться Отцу духов, чтобы жить? [10]Те наказывали нас по своему произволу для немногих дней; а Сей — для пользы, чтобы нам иметь участие в святости Его (Евр. 12:5–10).

Это воспитывающая, неугасимая, добрая любовь отца к детям, но нам, находящимся во плоти, сложно представить, как можно наказать, не гневаясь. Когда мы беремся за ремень, то сдерживаем негативные эмоции. Даже когда удается снаружи изобразить спокойствие, внутри все может бушевать.

Давайте не будем судить о Боге по себе. Во всем Новом Завете вы не найдете и намека на возможность гнева в отношении искупленных. Везде, где о нем говорится, подразумеваются неспасенные. Отец Небесный принял на Себя обязательства отцовства со всей вытекающей отсюда ответственностью и обязанностями. Вы видите разницу между отцом и судьей? Эти роли несопоставимы. Судья беспристрастно карает за нарушение закона. Отец делает все, чтобы его сын никогда не оказался перед Судьей.

Вот еще о чем подумайте: даже разгневавшись на своего ребенка за непослушание, кто из вас отречется от него? Тем более Отец Небесный не изгонит возлюбленного сына, в какой бы грех тот ни пал. Он просто возьмет исправительную розгу и начнет его перевоспитывать (Евр. 12:6). «Если вы терпите наказание, то Бог поступает с вами, как с сынами. Ибо есть ли какой сын, которого бы не наказывал отец?» (Евр. 12:7).

Благодать, воспитывающая в благочестии

Ведет ли проповедь благодати к выводу, что, мол, раз ты спасен, греши сколько хочешь? К сожалению, некоторые извращают это учение вплоть до таких утверждений или приписывают их приверженцам Евангелия благодати. Но разве не с такими же проблемами столкнулись когда-то апостолы Павел и Иуда (Рим. 6:14–15; Иуд. 4)?! Если благодать у кого-то ассоциируется со вседозволенностью, то это означает, что таковой *ничего не понял про благодать*, ибо она в сущности своей *проповедница* истинной праведности.

> *11Ибо явилась благодать Божия, спасительная для всех человеков, 12научающая нас, чтобы мы, отвергнув нечестие и мирские похоти, целомудренно, праведно и благочестиво жили в нынешнем веке (Тит. 2:11–12).*

На первый взгляд кажется, что учить благочестию — работа для закона: запретов и повелений, но на самом деле это не так. Закон — лишь одно из орудий благодати в руках Искупителя. Я перечислю пять функций благодати, делающих ее идеальным наставником праведности.

1. Благодать дала право на ошибки. Проблема в том, что да, закон учит, как правильно, но не дает никакого шанса не попавшим в цель. Он просто обнаруживает зло, указывает на нарушенную статью и выносит приговор. «…Ибо закон производит гнев, потому что, где нет закона, нет и преступления» (Рим. 4:15). Отсюда следует, что если вас не приговорили к смерти после очередного греха, то только потому, что вами сейчас занята благодать. Она ваш учитель благочестия. Закон уже проклял бы вас и, наверное, правильно бы сделал. Он, собственно, так и поступает с теми, кто не укрылся под сенью благодати.

Ибо написано: проклят всяк, кто не исполняет постоянно всего, что написано в книге закона (Гал. 3:10).

Уверен, что сегодня вы многократно нарушили закон любви. Даже одно нарушение должно было повести за собой вечное проклятие. Таковы стандарты святости. Однако этого не происходит. Кто-то отключил смертельный механизм, взяв проклятие на себя. Это драгоценный Иисус прикрыл вас Собой (Гал. 3:13). Та же благодать была в основании взаимоотношений между Богом и верующими и до Христа.

[8] Благ и праведен Господь, посему наставляет грешников на путь, [9] направляет кротких к правде, и научает кротких путям Своим (Пс. 24:8–9).

Наставляя грешников на путь, нужно куда-то деть закон, чтобы не убить их за первое же прегрешение (Иак. 2:10). Или, сказать по-другому, — куда-то деть их грехи, которые они будут совершать, пока их наставляют. Незаслуженная милость решила эту проблему.

[8] Щедр и милостив Господь, долготерпелив и многомилостив: [9] не до конца гневается, и не вовек негодует. [10] Не по беззакониям нашим сотворил нам, и не по грехам нашим воздал нам: [11] ибо как высоко небо над землею, так велика милость Господа к боящимся Его; [12] как далеко восток от запада, так удалил Он от нас беззакония наши; [13] как отец милует сынов, так милует Господь боящихся Его (Пс. 102:8–13).

Научающая благодать создала условия для превращения грешников в праведников (Тит. 2:12). Интересно, что в греческом тексте Павел использует причастие *настоящего времени* (научая), указывающее на продолжающееся действие. Это процесс, путь длиной в жизнь, на котором мы упадем много раз, и столько же раз *благодать* поднимет, отряхнет, наставит и, что очень важно, даст силы идти дальше. Ее критерии оценки те же самые, что и у преподавателя по имени Закон из соседней аудитории, где частые и громкие хлопки двери свидетельствуют о том, что очередного студента гневно вышвырнули с «неудом» в зачетке. Благодать же никого не выгоняет. Она терпеливо продолжает давать объяснения, которые помогут решить задачку, и предоставляет следующую, бесчисленную попытку. Ее цель — научить, а не проверить знания. Проверяет Закон, быстро и умело демонстрируя каждому его моральную несостоятельность, не тратя ни секунды своего времени на объяснение материала (Рим. 5:20). Он, собственно, для этого и нанят на работу. И еще он принципиально не приемлет «пересдачу». Но многие этого не понимают и после того, как их выставили из класса, настойчиво ломятся обратно, чтобы *доказать* себе, другим и профессору, что они справятся (Матф. 18:26).

Сокрушенные же им и раздавленные, признавшие свою беспомощность и некомпетентность, робко стучат в дверь Благодати. Та немедленно и радостно впускает их, светясь от счастья, усаживает за парту, наливает чай и терпеливо начинает с начала. Из этой аудитории однажды все выйдут отличниками, потому что это цель, для которой наняли ее (Рим. 8:29–30; Флп. 1:6).

2. Благодать меняет сердца. Это следующее логическое действие благодати, отличающее ее от закона. Первым делом она преобразила сердца, превратив их из каменных (мертвых) в плотяные (живые), благодаря чему процесс освящения вообще стал возможен (Иез. 36:26). Важно отметить, что наши сердца названы *новыми,* а не безгрешными. Если бы сердце было абсолютно чистым, то мы бы уже никогда не грешили, ибо все мысли, слова, реакции, поступки исходят из него (Марк. 7:14–23; Лук. 6:45; Прит. 4:23). Живое сердце получило способность любить добро и учиться добру. Закон любви, который раньше был снаружи, отскакивая как горох от каменный стены, начал попадать в него, преображая в подобие Христово (Евр. 10:16).

Возвращаясь к отрывку из послания к Титу, замечу, что слово «научающая» — это уже знакомое вам παιδεύω (*пай-дэуо*), обозначающее процесс воспитания (Тит. 2:12). А воспитание, как известно, включает в себя разные аспекты. Это наставление, частое повторение, увещевание, предупреждение, исправление, наказание, когда необходимо, и многое другое. Так что правильнее будет сказать, что нашего *воспитателя* в благочестии зовут Благодать. Задача воспитателя — передать свои ценности, а не просто выдрессировать, как медведя, мотивированного кнутом или пряником садиться в седло велосипеда. Без этих двух составляющих он откажется кататься, ибо любит другие вещи.

Закон *ничего не может сделать с сердцем, привязанным к какому-то греху*, а преображающая сила благодати может. Она неотступно разжимает пальцы, вцепившиеся в мирские похоти, производя новые желания, соответствующие целомудрию, праведности и благочестию.

> *…Потому что Бог производит в вас и хотение и действие по Своему благоволению (Флп. 2:13).*

3. Благодать сама делает то, чему учит. Родители прекрасно знают, что недостаточно просто повелеть ребенку в первый раз в жизни заправить кровать. Нужно повелеть и подключиться вместе с ним к исполнению этого задания. Сначала делаю я — ты смотришь. Потом делаю я — ты помогаешь. Потом делаешь ты — я помогаю. Потом делаешь ты — я смотрю. Так же и Дух Святой круглосуточно и терпеливо наставляет несовершенных людей. Суть праведности заключается в умении любить (Рим. 13:8–10). Благодать учит нас такой праведности. Как? В первую очередь своим примером. Испытывая на себе ее милость, мы учимся миловать. Бог, научающий безусловной, жертвенной и вечной любви, Сам любит такой любовью (Иоан. 3:16).

4. Благодать рождает ответную любовь к Богу. Самая главная заповедь в Библии — это любовь к Богу, превосходящая все остальные привязанности (Матф. 22:37–38). Каким же образом милосердный и мудрый Создатель решил помочь нам в исполнении этой заповеди? Неужели обещанием наказания в случае невыполнения?

Возьмем среднестатистического заключенного, послушно соблюдающего внутренний режим и избегающего обострений с начальством. Таких на зонах достаточно. Согласитесь, что поступает он так не потому, что трепетно относится к администрации колонии, не желая ее огорчать. Он просто жаждет досрочного освобождения и опасается последствий, включая изолятор на хлебе и воде. Когда вы увидите его, смиренно выполняющего свои обязанности, вам и в голову не придет подозревать его в желании этим самым выразить любовь к начальнику исправительного учреждения. Внешне он послушен, но сердце его на воле. Без колебаний он перемахнул бы через забор, если бы не автоматчики на вышках и статья за побег.

Боязнь последствий — это неплохо, это очень даже разумно. Напугав, можно добиться относительного, ситуативного, обусловленного повиновения, но страхом не добиться взаимной любви, а *Бог ожидает любви искренней и добровольной.* Другими словами, страх меняет поведение, но не сердце. Для многих горе-воспитателей такого эффекта, к сожалению, достаточно. Законничество содержит именно эту системную ошибку, о чем мы поговорим отдельно.

Так вот, страх наказания никак не поможет исполнять главную заповедь: любить Бога всем сердцем, силой, разумом, превозносить и восторгаться. Просто остановитесь и задумайтесь над этой истиной. Разве можно вызвать любовь угрозами?! «Люби Меня, а то хуже будет!» — это же абсурд! Представьте себе парня, который делает предложение, заранее предупреждая, что в случае отказа девушка будет избита до полусмерти. Возможно, она и согласится, но уж точно не движимая нежными чувствами. Любовь может быть рождена только любовью. «Я возлюбил вас, говорит Господь» (Мал. 1:2).

Мы любим, потому что Он Сам первый возлюбил нас (1 Иоан. 4:19, Кассиан[12]).

5. Благодать дает любовь к ближнему. Оцените на правдивость следующий посыл: я люблю папу, но не буду его слушаться. Согласитесь, это противоречивое утверждение. Любовь к отцу будет выражаться в желании исполнять его волю. Это и есть угодный Богу мотив для повиновения.

Если любите Меня, соблюдите Мои заповеди (Иоан. 14:15).

Иисус сказал ему в ответ: кто любит Меня, тот соблюдет слово Мое… (Иоан. 14:23)

Ответная любовь к Господу ведет к подчинению Его воле, выраженной в заповедях. А вся суть закона, напомню, заключена в повелении любить ближнего, как самого себя (Матф. 22:39; Рим. 13:8–10). Давайте еще раз пронаблюдаем

---

[12] Перевод Кассиана более точен. Синодальный перевод: «Будем любить Его, потому что Он прежде возлюбил нас» (1 Иоан. 4:19).

всю причинно-следственную цепочку действия благодати для достижения праведности.

Шаг 1 — Благодать дала право на ошибки.

Шаг 2 — Изменила природу сердца, чтобы обучение стало возможным.

Шаг 3 — Сама делает то, чему учит: нежно любит нас.

Шаг 4 — Как следствие: рождает ответную любовь к Богу (первая заповедь).

Шаг 5 — Как следствие: дает желание исполнять волю Возлюбленного, выраженную в повелении любить ближнего (вторая заповедь).

Вот и получается, что благодать научает праведности, побуждая к исполнению двух наиглавнейших заповедей, к которым сводится все Писание.

А как же закон?

О законе мы поговорим самым подробным образом чуть позже, но сопоставляя его с благодатью, скажем несколько слов сейчас. Из Писания и опыта мы знаем, что божественный нравственный кодекс, просто озвученный, ничего не меняет.

— Будете исполнять?

— Будем!

И тут же без угрызений совести отливают себе золотого тельца. Первый этап освящения — получить представление о добре и зле (Рим. 3:20). Для этого нужен закон. Второй этап — *полюбить добро и возненавидеть зло*. А вот здесь от него никакого толку. Это задача для благодати, как мы убедились выше. Закон делает явным господство греха, показывая его истинное лицо, но не уничтожает его. Он суть миноискатель, обнаруживающий очередную мину и ничего не могущий с ней поделать. Разминированием занимается совершенно другая сила — благодать! Она владеет законом и пользуется им для нашего блага.

Грех не должен над вами господствовать, ибо вы не под законом, но под благодатью (Рим. 6:14).

Обратите внимание на то, кто спасает от рабства греха. Благодать! Как можно после этого подозревать ее в духовном расхолаживании?! В контексте 6-й главы к Римлянам я бы перефразировал этот стих так: «Грех не должен над вами господствовать, ибо вы не под немощным законом, но под всесильной благодатью». Она поработила нас другому хозяину.

[17] Но, благодарение Богу, что были вы рабы греха, но стали от сердца послушны тому образу учения, которому вы были преданы. [18] А будучи освобождены от греха, вы были порабощены праведности (Рим. 6:17–18, Кассиан).

Сделаем пару пояснений, начиная с 18-го стиха. Возможно, вы видели старые кадры кинохроник, на которых запечатлены только что освобожденные узники немецких концлагерей. Они *были освобождены* — действие, совершённое над ними. Для обозначения такого действия в греческом языке (впрочем, как и в русском) существует страдательный залог, использованный здесь. Если бы в этом действии был элемент участия объекта (освободили себя или освободились), то использовался бы средний залог.

Тот же, Кто решительным образом освободил нас от греха, так же решительно поработил нас праведности. Точнее сказать, мы были порабощены праведности, нас *сделали рабами* (страдательный залог). Против нашей воли? Нет. Смотрим на предыдущий стих и видим очередной библейский парадокс (ст. 17). С одной стороны, мы опять встречаем страдательный залог: «…образу учения, которому вы были преданы». С другой стороны, мы «от сердца стали послушны» этому учению. Логика этого стиха, однако, в том, что над нами совершили некое действие, на которое мы откликнулись. Это действие благодати!

Значит ли это, что мы стали совершенными? Конечно нет, иначе зачем необходимо такое количество глаголов в повелительном наклонении во всем Писании. Если бы юридическое освобождение от рабства греха влекло за собой фактическую праведность, то мы бы не нуждались вообще ни в каком наставлении, да и в самом Слове. Ушло господство греха как образа жизни, но не ушло его присутствие. Отсюда и повеление не предавать члены свои в орудия неправедности, что явно указывает на такую возможность даже для тех, кто больше не раб греха, но раб праведности (ст. 17–18). Свобода выбора остается!

> *…И не предавайте членов ваших греху в орудия неправды, но представьте себя Богу, как оживших из мертвых, и члены ваши Богу в орудия праведности (Рим. 6:13).*

То, что мы еще согрешаем, не означает, что мы остались под властью греха. «Мы умерли для греха: как же нам *жить в нем?*» (Рим. 6:2). Христиане больше *не живут в грехе,* как неверующие. «…Зная то, что ветхий наш человек распят с Ним, чтобы упразднено было тело греховное, дабы нам не быть уже рабами греху…» (Рим. 6:6). Покорность учению Христа является обыкновенным следствием распятия ветхого человека, случившегося на Голгофе. Упразднение тела греховного — это и есть освобождение от рабства греха как *образа жизни,* когда каждая мысль суть бунт против Бога, отвержение Его Самого, Его закона и ценностей (Рим. 8:5–10). Рабы греха — это неверующие, *живущие по плоти,* или *живущие во грехе,* как рыбы в воде. Христиане поступают по плоти (проваливаются в воду), но не живут в ней. Они живут по духу, но не потому, что не грешат, а потому, что Дух Христов пребывает в них (Рим. 8:5).

Но вы не по плоти живете, а по духу, если только Дух Божий живет в вас. Если же кто Духа Христова не имеет, тот и не Его (Рим. 8:9).

Очень важно понимать, что 6-я глава Послания к римлянам говорит о смене гражданства (под благодатью), а не о переходе к абсолютной, практической святости. Ошибочно делать вывод, что истинно верующий якобы не грешит или грешит редко-редко. Он, конечно же, не будет вести откровенно мирской образ жизни, любя его всем сердцем, как не знающие Бога. При этом каждый благоразумный христианин, осознающий высокие требования Божьего Закона любви, с сожалением и готовностью подпишется под известными словами Иакова «…Ибо все мы много согрешаем» (Иак. 3:2). Такой опыт подтверждается теорией: многочисленными антропологическими истинами, разбросанными по всему Писанию, а особенно в следующей 7-й главе Послания к римлянам, где описывается духовная война. Но мы сейчас не о ней, а о трансформирующей власти благодати. «Грех не должен над вами господствовать, ибо вы не под законом, но *под благодатью*» (Рим. 6:14).

Естественно, мысль, которая тут же приходит в изувеченную ветхим мышлением голову, озвучена в следующем стихе:

Что же? Станем ли грешить, потому что мы не под законом, а под благодатью? Никак (Рим. 6:15).

Павел прекрасно отслеживает такую логику, понимая, что для некоторых благодать — это фактически допущение ко греху. Поэтому ее противопоставляют «спасительному» закону. А он никакой не спасительный! Он беспомощен для достижения послушания от сердца. Быть под благодатью не означает отвергнуть веления закона и пуститься во все тяжкие. Находиться под благодатью означает стать рабом нового хозяина — праведности, пришедшей через веру в Иисуса.

Благодать умертвила нас для греха и оживила для праведности. Она занимается перепрограммированием человеческого сердца на уровне убеждений, желаний, мотивов, совести и, конечно же, поклонения. Она же решила проблему любви ко греху, обнаруживаемого законом. Благодать сотворила в нас нового человека с жаждой праведности. «Ибо по внутреннему человеку нахожу удовольствие в законе Божием…» (Рим. 7:22). Вот оно, субъективное действие благодати, следующее за объективным (юридическое освобождение из рабства). Закон только обозначает запретное, а благодать учит ненавидеть запретное и любить заповеданное. Она перебросила мост и связала учение о праведности и стремление к ней: «…стали от сердца послушны тому образу учения, которому вы были преданы» (Рим. 6:17, Кассиан). Мы получили новое сердце, *желающее и способное* следовать за Христом, учащееся благочестию, как птенец учится летать потому, что *хочет* и *способен*, а не просто потому, что ему пообещали обломать крылья, если он не взлетит.

Так и вы, братия мои, умерли для закона телом Христовым, чтобы принадлежать другому, Воскресшему из мертвых, да приносим плод Богу (Рим. 7:4).

...И нас, мертвых по преступлениям, оживотворил со Христом, — благодатью вы спасены... (Еф. 2:5)

Так благодать перевела закон Божий из категории «обязан» в категорию «люблю»: «Как люблю я закон Твой! Весь день размышляю о нем» (Пс. 118:97). Поэтому благодать — это особая работа Господа в человеке, делающая невозможное возможным (Матф. 19:25–26).

Итак, перед тем, как мы углубимся в изучение свойств благодати, запомним главную идею этой главы. Благодать — это единственно возможный воспитатель благочестия. Ее главное средство воспитания — любовь, которая, если нужно, сделает больно. Угрозы рождают страх, фарисейство, лицемерие, двойные стандарты, изворотливость, и ничего более. Чтобы научить человека безусловной, жертвенной, вечной любви, нужно не просто озвучить требование (это было бы лицемерием), а полюбить его самого такой любовью. Это, собственно, и сделал Небесный Отец. А чтобы мы не возомнили, что *достойны* сего божественного отношения, обесценивая его, как капризные дети, благодать пустила вперед своего слугу — закон, дабы тот сделал «черную работу», растолковав нам, кто мы и где наше место (Рим. 5:20). Вот контекст, в котором происходит рост в практической праведности. Любовь рождает любовь!

Мы любим, потому что Он Сам первый
возлюбил нас.

—— 1 Иоанна 4:19[13] ——

---

[13] Перевод Кассиана.

Глава 3

Безусловная любовь

В мире людей безусловная любовь — это оксюморон, сочетание противоположных по смыслу понятий. Здесь благорасположение субъекта не может появиться на ровном месте, но должно быть вызвано некими привлекательными качествами объекта. Даже после возрождения обучение безусловной любви подобно усвоению нового языка, хотя это не очень подходящее сравнение. Дело в том, что иностранный язык — это суть новые слова, относящиеся, однако, к старым, знакомым концепциям. К примеру, выучив английское слово «радость», я просто выучил еще одно звучание, передающее хорошо известное мне понятие.

Когда же речь идет о безусловной любви, то я осваиваю абсолютно незнакомую и плохо усваивающуюся идею. Она противоречит моему прежнему опыту, убеждениям, желаниям, ценностям. Любить без причин, а тем более того, кто делает больно, — совершенная утопия, не укладывающаяся в привычную парадигму взаимоотношений. Мало того, что по ветхой природе у меня нет ни малейшего желания являть такую любовь, во мне самом без помощи свыше еще и нет никаких сил для этой практики.

Поскольку безусловная любовь нам чужда по естественным, плотским настройкам, то, во-первых, нелегко *уверовать*, что мы именно так любимы Небесным Отцом. Во-вторых, многих, в принципе, напрягает отсутствие контроля над отношением к себе, даже когда речь идет о Боге. «Где у Него кнопка?» — задаются они вопросом, вторя похитителям Электроника из известного советского кинофильма. И даже если спасение они готовы принять в дар, то дальнейшие отношения со Святостью строят на основании заслуг, где их послушание чего-то да сто́ит.

Прилагая всё старание...

Рассуждая о безусловной любви, мне бы хотелось указать на огромную разницу между *желанием* угодить Богу и *возможностью* сделать это в соответствии с Его запредельно высокими требованиями. Приведу часто используемый мной пример для объяснения этой истины. Я учитель изо по образованию и кое-что понимаю в стандартах изобразительного искусства. Меня сложно впечатлить, если работа не сделана на профессиональном уровне. Примечательно, что я не способен создать то, что мне самому же и понравится. Однако я сразу выделяю работу мастера, как и большинство людей, не имеющих никакого отношения к миру картин.

Но куда деваются эти высокие требования, когда мои дети, торжествуя, дарят мне свои рисунки?! Да, я с легкостью угадываю танк, человечков, кота и цветы, но их карикатурное исполнение далеко от канонов. Кстати, в данный момент мой проснувшийся раньше остальных пятилеток сидит рядом и рисует мне подарок, отчаянно шмыгая носом (приболел).

У него заговорщический вид, и он не разрешает подглядывать. Я, конечно же, терпеливо жду.

То, что он мне вскоре вручит, естественно, не пополнит коллекции Эрмитажа. Тем не менее я, как любой родитель, расплывусь в блаженной улыбке, похвалю его, поблагодарю и приму драгоценный дар, не обращая никакого внимания на качество. Почему? Потому что *дело не в качестве,* и вот именно с этим утверждением фарисеи и законники в корне не согласны: как это так?! Что за ересь?!

Объясню. Нужно быть безумным духовным слепцом, веря, что, находясь в смертном теле, мы можем предложить Живущему в неприступном свете что-либо соответствующее Его уровню святости. Я в ужасе, нескрываемом ужасе от того, как «умело» нужно было упустить суть закона Божьего, чтобы сказать: «Все это сохранил я от юности моей; чего еще недостает мне?» (Матф. 19:20). И такое поверхностное знакомство наблюдается даже у именитых служителей. Разве самоправедность позволит разглядеть в зеркале закона свое истинное нравственное лицо (Рим. 3:20)?!

Все познается в сравнении. С кем сравнить себя, чтобы познать свою настоящую цену? Только с Иисусом! Но, увы, не с Богом таковые сравнивают себя, не с Богом! Как вы помните из ранее приведенной схемы роста в благодати, познание греховности синхронизировано с познанием Божьего характера, и это так логично. Чем ближе к свету, тем лучше видно.

Что такое благодать, еще раз? Незаслуженная милость! Это же синоним безусловной любви. Почти никакой разницы. Возрастая в благодати, мы возрастаем в понимании безусловной любви. Любить нас не за что, как до покаяния, так и после. Мы разве перестали грешить? Кто-то недовольный таким заявлением, скажет: «Да, я, конечно же, еще *иногда* согрешаю, но это не сравнить с тем, что было до уверования. Не смейте браковать мои усилия!»

На это я отвечу, что, во-первых, объект сравнения имеет принципиальное значение, и в данном случае он неправильный (другие люди), а во-вторых, разве вы забыли Божий эталон? Любой грех, даже один, сводит на нет *все* ваши старания.

Кто соблюдает весь закон и согрешит в одном чем-нибудь, тот становится виновным во всем (Иак. 2:10).

Каждый день, будучи христианами, вы нарушаете *весь* закон! Почему об этом полезно помнить, почему я на этом настаиваю во всех книгах? Чтобы вообще отбить желание стараться? Нет и нет! Помнить о том, что мы каждый день нарушаем весь закон, необходимо, чтобы никогда не присваивать себе то, что принадлежит исключительно Христу. Благодать — *единственная причина* Отцовского благоволения. Ничто в нас не впечатляет Бога, даже когда мы на пике благочестия. Мы можем двигаться духовно вниз или вверх, но Его любовь остается максимально высокой и неизменной, потому что она безусловная. Она никак не связана с тем, что мы можем, но лишь с тем, кто мы есть. Мы Его дети, пребывающие во Христе, как в ковчеге, в котором, как вы помните, находились далеко не безупречные люди.

В Иисусе нам дарована абсолютная безопасность (Еф. 1:3–14). Любовь Отца никак не зависит от духовного состояния детей. Заметьте, что Ной был праведником в *сравнении с остальными живущими* — «праведный и непорочный в роде своем» (Быт. 6:9). Тем не менее он оставался несовершенным человеком, что сразу доказал, с размахом отметив возврат к обычной жизни, наклюкавшись, извините, до беспамятства (Быт. 9:20–21). Да простят меня современные евангельские

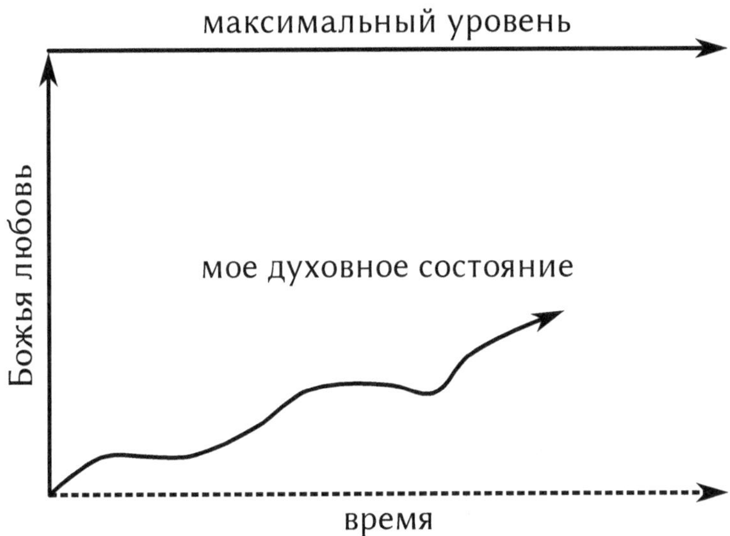

иконотворцы, что я об этом упомянул. И уж совсем некрасиво я поступил, добавив ложку дегтя в бочку меда фарисейского учения о том, что человеческая праведность может быть разменной монетой в отношениях с Богом. На самом деле праведности Ноя никогда не было достаточно для спасения, он просто обрел благодать. Причем, согласно библейскому учению, благодать он обрел еще до рождения, но об этом позже.

⁸Ной же обрел благодать пред очами Господа. ⁹Вот житие Ноя: Ной был человек праведный и непорочный в роде своем; Ной ходил пред Богом (Быт. 6:8–9).

Однако гордыня отказывается признать, что Ной не мог заслужить свое место в ковчеге. В том-то и проблема, что законники всех времен имеют *крайне низкое представление* об истинном благочестии. Это невежество дает им уверенность, что в свои духовно-удачные дни они такое благочестие выдают. А реальность такова: созерцающий Господа (святость) не может уповать на что-либо, кроме благодати. Продолжающий надеяться на свои силы видит что угодно, но не Божью святость (Ис. 6:1–5; 64:6–9, Матф. 18:24–26; Лук. 18:9–12).

Перед тем, как начать разворачивать перед изумленными учениками концепцию совершенства (в Нагорной проповеди), Иисус сообщает им, что если их праведность не превзойдет праведности книжников и фарисеев, то они не войдут в Царство Небесное (Матф. 5:20). Представляю, каково было услышать подобные радикальные заявления обычным иудеям того времени. Сын Человеческий указал на наивысший образец благочестия с их точки зрения и тут же сравнял его с землей. Это все равно что взять норматив мастера спорта международного класса, например, по плаванию, и перевести его в детский разряд.

Очевидно, что религиозная элита Израиля, извратив Слово Божье, установила свои надуманные, плотские, ущербные эталоны пиетета. Эти излучавшие «духовность» псевдоправедники были ориентирами для подражания. Примечательно, однако, что только наиболее честолюбивые, упрямые, гордые и тщеславные люди могли добраться до таких «высот». Остальные складывали лапки после нескольких безуспешных попыток. Оставалось лишь провожать чемпионов завистливо-печальным взглядом неудачника, не имеющего такой железной силы воли. На ней, собственно, и держатся грязные лохмотья самоправедности, что в те времена, что в наши.

Тем не менее причина, по которой одним людям удавалось впечатлить других, банально проста — моральный коллапс:

Он сказал им: вы выказываете себя праведниками пред людьми, но Бог знает сердца ваши, ибо что высоко у людей, то мерзость пред Богом (Лук. 16:15).

Представляете, человеческие ценности вызывают у Господа отвращение. Как же они изувечены, если нас так легко прельстить! Возьму для примера один хорошо знакомый и часто используемый отрывок, но не для того, чтобы досадить сестрам, а лишь для демонстрации поразительного отличия Божественной системы ценностей от человеческой.

³Да будет украшением вашим не внешнее плетение волос, не золотые уборы или нарядность в одежде, ⁴но сокровенный сердца человек в нетленной красоте кроткого и молчаливого духа, что драгоценно пред Богом. ⁵Так некогда и святые жены, уповавшие на Бога, украшали себя, повинуясь своим мужьям (1 Пет. 3:3–5).

Сразу оговорюсь, чтобы вы не заподозрили меня в крайностях, которые моментально приходят на ум, когда истина угрожающе приближается к мирским сокровищам. Бог не против красоты! Он ее создал и, поверьте, разбирается в ней лучше нас. Собственно, по этой причине и в нас заложены отголоски чувства прекрасного. Так что не пугайтесь: Он не запрещает то, что Сам изобрел. Все дело в приоритетах, как обычно! Переоцененное земное и недооцененное духовное — извечный вывих человечества. Речь о злоупотреблении благословениями, то есть использовании не по назначению. Внешняя, физическая красота не была создана, чтобы, во-первых, превратиться в идола, а во-вторых, чтобы затмить собой нужду в красоте внутренней, но именно это и произошло. И поэтому люди так отчаянно стараются себя украшать.

Обратите внимание, *какая* красота ценится у Создателя. Это состояние сердца, выражающееся в конкретном духовном качестве (в смирении в данном случае). Такую красоту не изувечит время или стажер в салоне (нетленная). И самое важное: Бог почитает ее за *драгоценность.*

Человеческие же ценности, к сожалению, лежат в четко обозначенных Писанием сферах: «похоть очей, похоть плоти и гордость житейская». И внешний вид играет здесь немаловажную роль. Я не первый год живу на земле, но никогда не видел, чтобы сестра во Христе рыдала от горя, что у нее не получается слушаться мужа. При этом я видел слезы, ужас, гнев и отчаяние по поводу того, что «натворил зараза парикмахер». Общечеловеческий ценностный сдвиг не позволяет прочувствовать трагичность этой ситуации, нам она кажется смешной. Кстати, у мужчин свои не менее нелепые причины для расстройств.

Фундаментальная проблема таких естественных реакций и стремлений — в упомянутой выше сломанной системе ценностей: «…что высоко у людей, то мерзость пред Богом». Обратившись к Господу, мы начинаем ее чинить, но это процесс длиной в жизнь. Как поспешно и неразборчиво мы очаровываемся не только чем-то маловажным, но часто тем, *что должно пугать*. Прав, однозначно прав был Клайв Льюис, утверждая, что человеку слишком легко угодить. Поэтому, не сочтите за оскорбление, но наше нынешнее представление о праведности — это карикатура на Мону Лизу.

Мало того что духовные ценности входят в нас с трудом, мы еще и объект сравнения выбираем неправильно. Так что, да и аминь — все познается в сравнении, и в первую очередь святость! *Святость можно познавать, только созерцая святость*. Созерцая людей, пытающихся жить свято, можно попасть в ту же беду, что и иудеи. Фарисеи и книжники, соревнуясь между собой, недостоверно отражали Божий характер. Проверьте, кого вы приняли за ориентир? Может быть, вы пытаетесь подражать тому, от кого надо бежать?

И поэтому повторюсь, что, когда мы вступили в отношения с ослепительной Безупречностью, дело не в качестве того, что мы Ему предлагаем. Я не знаю, что надо сделать, чтобы изгнать эту идею из фарисейских голов. Признаю, что для некоторых мои попытки просто возмутительны. Я, понимаешь, тут стараюсь, стараюсь, из кожи вон лезу, а мне норовят влепить двойку?! И зачем тогда, спрашивается, я стараюсь?!

Отличный вопрос! Честный ответ многое расскажет о вашем сердце. Знайте одно: если, прилагая старания, вы что-то доказываете себе, Богу или окружающим, если это замаскированная *сделка,* то вы так и не поняли благодать. Как я писал во Введении, благодать не отменяет старания — ни в коем случае! Она ставит их на верное основание. Освящение, так же как и оправдание, стоит на Евангелии благодати (1 Кор. 1:30–31, 4:7, 15:10). Мы возлюбленные чада, и нам ничего не надо *зарабатывать,* даже благословения (Еф. 1:3). Ничто, кроме любви и милосердия Отца, не зажжет сердца детей ответной любовью и желанием угождать Ему.

Итак умоляю вас, братия, милосердием Божиим, представьте тела ваши в жертву живую, святую, благоугодную Богу, для разумного служения вашего (Рим. 12:1).

Мы любим, потому что Он Сам первый возлюбил нас (1 Иоан. 4:19, Кассиан).

Итак, подражайте Богу, как чада возлюбленные (Еф. 5:1).

За альтернативными причинами, объединенными человекоцентричной мотивацией далеко ходить не надо: будем стараться, чтобы не попасть в ад, чтобы быть лучше всех, чтобы казаться духовным, чтобы не терять благословений, чтобы Бог нас любил, и т. п. Друзья мои, **стараться нужно** (2 Пет. 1:5–9), но не для того, чтобы быть принятыми Господом, ведь мы уже приняты Им в сонм святых. Представляете? Праведность Христа вменена нам, независимо от дел.

⁶ Так и Давид называет блаженным человека, которому Бог вменяет праведность независимо от дел: ⁷ Блаженны, чьи беззакония прощены и чьи грехи покрыты. ⁸ Блажен человек, которому Господь не вменит греха (Рим. 4:6–8).

Любовь Отца не движется вверх и вниз вместе с моим духовным состоянием. Она безусловна! Я не являюсь ни в какой степени подпоркой этой любви, не мог вызвать ее, не могу ослабить или усилить. Она началась и продолжается без моей помощи и участия. И, забегая вперед, скажу, что именно это качество является гарантией ее бесконечности. Если бы Его любовь хоть как-то зависела от меня, то это было бы открытым окном для ее возможного разрушения. И тогда жить мне в страхе до конца моих дней и мучиться неопределенностью — вдруг уже разрушил, вдруг уже довел Господа до белого каления.

Потому что вы не приняли духа рабства, чтобы опять жить в страхе, но приняли Духа усыновления, Которым взываем: «Авва, Отче!» (Рим. 8:15).

Иисус — мое упование, а Дух Святой — залог от Бога Отца, гарантирующий завершение дела спасения (Еф. 1:14). Чтобы любовь была вечной, нужно, чтобы ее гарантом был кто-то неизменный. Это не человек! При таких невыполнимых условиях ценностью является само *желание* угодить Господу. Желание это приходит вместе со спасительной верой. Никто из героев веры не был совершенным, но у них получалось угождать Богу. Как так? Они верили (Евр. 11:4–6)! Наши отношения с Безупречным строятся на вере, а не на безупречном повиновении.

Вы, возможно, сразу вспомните общеизвестное библейское: «Будьте святы, ибо Я свят». И я тут же спрошу вас: «Ну что, получается не грешить?» Если вы честны, то со вздохом ответите: «Нет». «Тогда почему вы еще живы и любимы?» — продолжу я вопрошать. И вы моментально парируете: «Благодать», — и будете правы! Разве благодать отменяет высокие стандарты святости, которые суть безусловная, жертвенная и непрекращающаяся любовь к каждому без лицеприятия?! Конечно, нет, но вы так не умеете! Иначе зачем вам Иисус? Совершенное послушание недоступно, пока мы в теле, но оно нам вменено. Тот, Кто всегда угождает Отцу, сдал за нас все экзамены (Рим. 4:5).

28 Итак Иисус сказал им: когда вознесете Сына Человеческого, тогда узнаете, что это Я и что ничего не делаю от Себя, но как научил Меня Отец Мой, так и говорю. 29 Пославший Меня есть со Мною; Отец не оставил Меня одного, ибо Я всегда делаю то, что Ему угодно (Иоан. 8:28–29).

А как же, к примеру, Иов, ведь Бог так его хвалил? Отмечая заслуги Иова, Господь не считал его совершенным (Иов 1:8). Он лишь имел в виду, что праведник дальше *остальных людей* продвинулся на пути благочестия. «Нет такого, как он, на земле» (объект сравнения). То, что Иов, условно, убежал дальше всех в этом соревновании, не означает безупречность с позиции Божьих стандартов, что вскоре и было доказано, когда он набросился на Создателя с обвинениями в несправедливости.

3 Если Ты, Господи, будешь замечать беззакония, — Господи! Кто устоит? 4 Но у Тебя прощение, да благоговеют пред Тобою. 5 Надеюсь на Господа, надеется душа моя; на слово Его уповаю (Пс. 129:3–5).

Вмененная ценность

Вернемся к иллюстрации с корявыми рисунками моего сына. Мой подход к нему обусловлен характером наших отношений отец — сын. Я прекрасно понимаю: в свои пять лет он не в состоянии выдать что-то лучшее. Всему свое время. Если я, убогий, понимаю это, то насколько более — Бог. Поймите, то, что я его хвалю и радуюсь, не означает, что я одобряю качество предложенного мне и не хочу лучшего. Я люблю его за то, кем он мне является (сыном), а не за то, что он умеет или нет. Я люблю его, потому что он драгоценен в моих глазах. Мы прежде всего семья. Это другой вид отношений — родственный. Создатель Вселенной теперь мой Авва, то есть Папа (Рим. 8:15). Остановитесь, вдумайтесь, вот она, благодать.

Так как ты дорог в очах Моих, многоценен, и Я возлюбил тебя, то отдам других людей за тебя, и народы за душу твою (Ис. 43:4).

Важно понимать при этом, что отличие между моим отцовством и Божьим огромное. Я полюбил своего сына без усилий. Он был таким маленьким, миленьким, очаровательным лапусиком — ну как его не полюбить?! Мои дети покоряли меня просто своим видом. Бог же принял решение полюбить, видя в нас врагов (Еф. 2:1–5). Наша ценность *вмененная*, а не фактическая, и это принципиальный момент. Мы не превратились в драгоценный металл, но остались *глиной*. Просто глину взяли и оценили как золото (Рим. 9:21). Безусловной любовь остается потому, что ее инициация, сила и продолжительность **никак** не зависят от наших усилий. Вообще никак! Благодать — это незаслуженная милость. Вы никогда не смогли бы вызвать Божью улыбку и принудить Его к благосклонности. Он независим и самодостаточен, даруя любовь по Своему собственному изволению, не связанному с объектом любви никаким боком.

²⁴Ты не покупал Мне благовонной трости за серебро и туком жертв твоих не насыщал Меня; но ты грехами твоими затруднял Меня, беззакониями твоими отягощал Меня. ²⁵Я, Я Сам изглаживаю преступления твои ради Себя Самого и грехов твоих не помяну... (Ис. 43:24–25)

Ради Себя, ради Себя Самого делаю это, — ибо какое было бы нарекание на имя Мое! Славы Моей не дам иному (Ис. 48:11).

Когда Отец Небесный смотрит на меня, Он видит прежде всего любимого сына (Лук. 20:36; Рим. 8:14; Гал. 4:6; Евр. 12:5–11). Мне не нужно ничего заслуживать, ибо мне все уже дано во Христе. Вот что злые делатели никогда не поймут, ибо всё без исключения, в том числе и христианство, рассматривают через линзы теста, экзамена, зачета, контрольной работы, проверки качества и тому подобных понятий. Закономерно, что так же они относятся и к своим детям, с которыми отношения сводятся к оценкам, планкам, задачам, ориентирам, достижениям, победам, домашним заданиям, к безоговорочному и немедленному подчинению. Это называется «библейским» воспитанием.

Безупречность якобы для Господа — это лишь фасад, благообразно прикрывающий горделивый перфекционизм и тщеславие. Когда они допускают ошибку, то яростно оправдываются, ибо ее признание подобно самоубийству. Прощение попросить рассматривается как крах. И я сейчас описываю возрожденных людей, насколько можно судить.

Друзья, если вы чувствуете себя униженными, соприкасаясь с реальностью своего духовного состояния, то на какие высоты, извините, вы мысленно забрались? Не пора ли спуститься добровольно? Святой Бог как на ладони видит все наши отклонения от нормы, большую часть которых мы не замечаем. Мой сын не может адекватно оценить свои старания, будучи всегда доволен качеством своего труда. Ему нравится то, что он рисует, лепит и мастерит, при том, что постоянно видит перед собой настоящее качество. Видит, да не видит.

И мы ужасно далеки от объективности, даже имея ее в руках (Слово). Так вот, зная нас как облупленных, Он *радуется*, находясь с нами в отношениях. Не терпит, скрипя зубами, как это представляется особенно в моменты очевидного непослушания, а радуется. Создатель Вселенной радуется о нас (Лук. 15:20–32). Он добровольно привязал Свои переживания к тому, что с нами происходит (Иоан. 11:33–35). Это любовь в полном смысле этого слова. И эта бесконечно прекрасная, безусловная, трогательная, нежная любовь излилась на нас. Можете в это поверить?

Не дорогой ли у Меня сын Ефрем? Не любимое ли дитя? Ибо, как только заговорю о нем, всегда с любовью вспоминаю о нем; внутренность Моя возмущается за него; умилосержусь над ним, говорит Господь (Иер. 31:20).

Господь Бог твой среди тебя, Он силен спасти тебя; возвеселится о тебе радостью, будет милостив по любви Своей, будет торжествовать о тебе с ликованием (Соф. 3:17).

Божья любовь «все покрывает, всему верит, всего надеется, все переносит» именно потому, что обращена на тех, кто вечно испытывает ее на прочность (1 Кор. 13:7). Такие же качества характера Иисуса выражены следующими словами:

«…трости надломленной не переломит, и льна курящегося не угасит…» (Матф. 12:20). Это означает, что Он ни на ком никогда не ставит крест. Это свойство истинной, божественной любви — покрывать, надеяться, верить, переносить. Когда мы после нескольких жалких и тщетных попыток с раздражением, обреченно заключаем: «Горбатого могила исправит», Христос не опускает руки, отказываясь доламать то, что и так сломано, и затушить то, что дымится, потому что уже сгорело.

Итак, *источник Его любви к нам заключен в Нем Самом*. Эта любовь совершенно отделена от того, что я могу или хочу Ему предложить. Она безусловна и независима! Так что, радуясь, Господь радуется не качеству предлагаемого мной, ибо этому невозможно радоваться. Это стыд, позор, жалкие и грязные лохмотья сами по себе. Он радуется **мне!** Слышите, понимаете? Он радуется тому, что я у Него есть, и точка! Это благодать!

Когда моя трехлетняя доченька заправляет кровать, она делает это абы как, но для меня важно, не то, *как* она ее заправляет (качество), а то, что она *старается* ее заправлять, выполняя мою волю (послушание). Этого вполне достаточно. Первостепенное значение имеет наше родство, отношения и ее ценность в моих глазах.

Вопрос качества (практическая праведность), конечно же, Бога интересует, но во вторую очередь. Главное — вера (Гал. 3:11)! Спасительная вера выражается в делах, которые все равно несовершенны. Знаете почему? Потому что несовершенна пока наша любовь к Господу. Мы еще не в состоянии безупречно исполнять главную заповедь, но всё впереди. Бог ценит само *желание угождать Ему*, а не способность сделать это безукоризненно (1 Фес. 4:1). И пусть это желание вначале подобно крохотному и слабому ростку. Однажды оно превратится в мощное, крепкое, укорененное дерево (Лук. 13:19).

²Возлюбленные! Мы теперь дети Божии; но еще не открылось, что будем. Знаем только, что, когда откроется, будем подобны Ему, потому что увидим Его, как Он есть. ³И всякий, имеющий сию надежду на Него, очищает себя так, как Он чист (1 Иоан. 3:2–3).

Когда я воюю с собой и, скрипя зубами, смиряюсь, то словно рисую что-то для Отца, как мой сынуля. Мое смирение очень далеко от образцового. Оно подобно схематичному, кривому, смешному изображению самолета. Я ропщу, каюсь, гну шею, высказываю что-то Господу в молитве, снова каюсь и до седьмого пота гоняю злые мысли, назойливо и немедленно возвращающиеся, как только я перестану бодрствовать. Я вооружаюсь благодарением и хвалой, противостоя клокочущему во мне гневу. Я размышляю о Господе и опять умоляю его подать мне милость и благодать для благовременной помощи (Евр. 4:16). Я стараюсь, и это прекрасно! Но как уродливо мое «смирение» в сравнении с Христовым!

Такая же ситуация и с произведением остальных составляющих плода Духа: любви, радости, мира, долготерпения, благости и т. д. В этой битве с самим собой угадываются черты добродетелей, как угадываются предметы на детских рисунках. И если у меня что-то получается, то я, подобно Павлу, знаю, кому обязан той или иной победой. «…Не я, впрочем, а благодать Божия, которая со мною» (1 Кор. 15:10).

Так чем же мне хвалиться, если все мои достижения, во-первых, никогда не дотягивают до высот Божьей святости, а во-вторых, являются следствием благословенного труда благодати во мне?!

³⁰От Него и вы во Христе Иисусе, Который сделался для нас премудростью от Бога, праведностью и освящением и искуплением, [31] чтобы было, как написано: хвалящийся хвались Господом (1 Кор. 1:30–31).

В самом деле, кто тебя выделяет? Что ты имеешь, чего бы не получил? А если получил, что хвалишься, как будто не получил? (1 Кор. 4:7, Кассиан).

Вам и мне нечем хвалиться, что до покаяния, что после! До самой смерти христианину ничего не заслужить, какого бы духовного прогресса тот ни достиг. Отдельно от Христа он — никто и звать его — никак. А теперь вслушайтесь в свое сердце… Если вас раздражают эти истины, отбирающие даже крупицы самодовольства, то вы стоите на благодати в лучшем случае одной ногой. Это неправильное основание для взаимодействия с Огнем Поядающим. Человеческого благоговения и страха всегда недостаточно, поэтому нам велено хранить благодать (Евр. 12:28–29). Итак, мы можем заслужить награду (1 Кор. 3:14), но не любовь. Божья любовь — незаслуженная, независимая, безусловная! Аминь!

Итак мы, приемля царство непоколебимое, будем хранить благодать, которою будем служить благоугодно Богу, с благоговением и страхом, потому что Бог наш есть огонь поядающий.

—— Евреям 12:28-29 ——

Глава 4

Жертвенная любовь

Следующее свойство Божьей любви — жертвенность. Я убежден, что вам хорошо знакома эта концепция, но все-таки давайте о ней поговорим. Любовь, которой учит нас Отец, готова к потерям вплоть до самой жизни, если придется. И наивысший тому пример — Голгофский Крест. Согласитесь, мы можем делиться от избытка, это нетрудно. Настоящие борения наступают тогда, когда нужно оторвать от себя что-то ценное, потеряв много или оставшись вообще ни с чем. Вот тут и включаются все инстинкты, панически повисающие на руках и препятствующие богоподобию.

Мы часто размышляем о Кресте и о том, какие страдания пришлось претерпеть Христу для совершения искупления грешников. Но на невообразимые жертвы Сын Божий пошел гораздо раньше — когда заключил Себя в смертное тело, расставшись со славой небес. Я часто повторяю, что мы никогда не постигнем в полноте тайну воплощения просто потому, что для постижения ее нужно стать Богом. Только будучи богами мы смогли бы *прочувствовать*, какую бесконечную пропасть пришлось пересечь Господу ради нашего спасения. Чего стоило Святости одеться в плоть, спуститься в грязное болото нравственного зловония и прожить там тридцать с чем-то лет? Мы никогда не узнаем, а Он и не собирается посвящать нас во все тонкости Своего подвига.

Беспримерная жертвенность

Мы были куплены ценой, которую невозможно превзойти. Во всей Вселенной не существует ничего эквивалентного этой плате. Жертвенность Божьей любви так же непостижима, как и безусловность. Я дорого обошелся Небесам, но радует меня не эта страшная цена, а то, что она повествует о Создателе. Его любовь доказана максимально возможным, убедительным способом, и любые сомнения разбиваются на Голгофе.

> ⁶*Ибо Христос, когда еще мы были немощны, в определенное время умер за нечестивых.* ⁷*Ибо едва ли кто умрет за праведника; разве за благодетеля, может быть, кто и решится умереть.* ⁸*Но Бог Свою любовь к нам доказывает тем, что Христос умер за нас, когда мы были еще грешниками (Рим. 5:6–8).*

Если Крест не убеждает вас в Божьей любви, то никто не справится с этой задачей. Ничто не может прославлять благодать так, как Крест. Это будет неправильно, несправедливо, нечестно. Здоровье, достаток, счастливая семья, друзья, всевозможные благословения, дарованные щедрой рукой Господней, — лишь крохотные искорки, взмывающие ввысь во тьме проклятого мира и на секунду озаряющие жизнь светом добра. Жизнь искры — это миг. Мгновение — и нет ее, и что-то, данное на время, вновь отобрано. Вчера вы были здоровы как бык, а сегодня пришел тревожный анализ крови.

Вчера вы тратили направо и налево, а сегодня экономите каждую копейку. Вчера ваш любимый в вас души не чаял, а сегодня, вернувшись домой, вы обнаружили пустые шкафы и прощальную записку. Бог дал, Бог взял!

Не стоит искать доказательства Божьего принятия или щедрости в мимолетных отблесках уклончивого и нестабильного земного счастья. Переведите взгляд на саму любовь, пламенеющую и неугасимую, явленную в искупительной жертве Голгофы. Как может *недостаток* чего-либо колебать сердца подозрениями в *недостатке* Отцовской любви?! Он же отдал за нас *самое ценное*, что у Него было.

Тот, Который Сына Своего не пощадил, но предал Его за всех нас, как с Ним не дарует нам и всего? (Рим. 8:32).

Самопожертвование было и остается наивысшим проявлением жертвенности. И если со стороны Христа это было именно оно (самопожертвование), то Отец прошел через не меньшие муки. Он умертвил Сына ради спасения тех, чье место в аду. Не могу представить себя, заносящим нож над своим ребенком ради спасения врага. Наоборот — я буду яростно защищать его жизнь, даже ценой своей. А то, что сделал Бог, не поддается осмыслению.

Однако Крест весьма логичен в том смысле, что непостижимая любовь идет на непостижимую жертву. Я много раз говорил, что Сын Божий, висящий на древе, лечит, буквально *лечит* мою сомневающуюся душу. *Никто и никогда* не убедил бы меня в Его благорасположении, не будь Голгофы. В моем случае это сделала жертва боговоплощения и Крест, как самое сильное доказательство Божьей любви. Этот факт напрочь лишает меня аргументов «против».

Создатель Вселенной поместил Себя в плоть и спустился в мир людей, чтобы найти там в том числе лично меня. Он *разрешил* плевать Себе в лицо и бить по нему. Он *разрешил* Себя обзывать, унижать и всячески издеваться. И потом Он *дал* Себя убить, и это почти самоубийство, потому что, во-первых, Он хотел этой смерти, а во-вторых, добровольно отдал Себя в руки палачей. Это как выпить яд, предложенный кем-то, прекрасно зная, что это яд.

Настоящая любовь всегда дорогостоящая. Каждый согласится, что если дела не следуют за словами, то есть все основания усомниться в их правдивости. У Господа такой непоследовательности не встретить, слава Ему! Сила любви измеряется величиной добровольных потерь субъекта в отношении объекта. И в самой крестной смерти есть два наиболее таинственных и бесценных аспекта с моей точки зрения: 1) взятое Иисусом на Себя проклятие за грехи (Гал. 3:13) и 2) Его разобщение с Отцом, хотя сейчас некоторые, к сожалению, сомневаются, что такое разобщение было (Матф. 27:46). Многие богословы указывают на эти моменты как на самые тяжелые во всей земной миссии Иисуса. Ни вам, ни мне их не понять опять-таки по той же самой причине — мы не боги. Поэтому мы никогда не постигнем глубину внутренних переживаний и борьбу божества перед лицом таких страданий.

³²Пришли в селение, называемое Гефсимания; и Он сказал ученикам Своим: посидите здесь, пока Я помолюсь. ³³И взял с Собою Петра, Иакова и Иоанна; и начал ужасаться и тосковать. ³⁴И сказал им: душа Моя скорбит смертельно; побудьте здесь и бодрствуйте. ³⁵И, отойдя немного, пал на землю и молился, чтобы, если возможно, миновал Его час сей; ³⁶и говорил: Авва Отче! все возможно Тебе; пронеси чашу сию мимо Меня; но не чего Я хочу, а чего Ты (Марк. 14:32–36).

43 Явился же Ему ангел с небес и укреплял Его. 44 И, находясь в борении, прилежнее молился, и был пот Его, как капли крови, падающие на землю (Лук. 22:43–44).

Он ужасался, тосковал и смертельно скорбел. Удивительно, но здесь и проявилась человечность Сына Божия. Во-первых, в этот страшный час *Он нуждался в помощи* как от земных, так и от небесных. На какой же грани изнеможения находился человек Иисус Христос, что ангелу пришлось Его *укреплять?!* Как плохо Ему было, что Он просил молитвенного присутствия простых смертных?! Однозначно, что в Гефсимании Иисус *что-то ломал в Себе, смирялся.* Пик Его отчаяния был там, а не на потом, когда предадут, схватят, будут бить, судить, распинать, ибо тогда Он будет уже готов. В саду Он боролся, неимоверно напрягаясь и преодолевая какое-то гигантское препятствие на пути искупления человечества. И я уверен, что ужасала Его не физическая боль и не агония умирания. Нечто более страшное ждало впереди: бремя греха, проклятие, разрыв с Отцом.

Ограниченное Всемогущество

Во-вторых, как верно заметил Клайв Льюис, человечность Иисуса проявилась в Его парадоксальной молитве «пронеси чашу сию мимо Меня». Но разве не для того, чтобы ее испить, Он и явился?! Как можно было просить о том, что не произойдет?! Ведь Он уже не раз рассказал ученикам о предстоящей смерти. Он знал, как умрет, когда умрет, где умрет, знал своих палачей, Он все знал. Но поймите вот что и остолбенейте: *Ему было страшно…* Понимаете? Богочеловеку было страшно! Дрожь пробегает между лопаток, когда я вдумываюсь в этот факт. Боже милостивый, это все было по-настоящему, а не вселенский спектакль, где актер на сцене *изображает* страх, волнение, отчаяние, усталость и т. п. Он не делал вид, что Ему невыносимо, а на самом деле изнемогал. *Бог изнемогал, совершая наше спасение!* Повторите это вслух несколько раз…

И предстоящее настолько страшило Его, что Он не мог удержаться, прося о невозможном. Но погодите, как о невозможном, ведь «все возможно Тебе»?! И да, и нет — очередной библейский парадокс. Мог, но не мог, потому что тогда нужно было бы перешагнуть через собственные принципы, регулировавшие Его могущество. Так что Всемогущество не могло ответить положительно на эту страстную молитву. От вечности именно такое искупление было задумано в Троице (1 Пет. 1:20). Он Сам установил правила «игры» (возмездие за грех — смерть) и им подчинился. Но я убежден, что всё намного сложнее и глубже, чем просто необходимость законного способа спасти грешников. Путь искупления — это прежде всего откровение Бога о Себе. Мы познаём Создателя через Его дела. *Нельзя познать Бога Любовь вне опасности, нам угрожающей.* Все познается в сравнении.

Любовь познали мы в том, что Он положил за нас душу Свою: и мы должны полагать души свои за братьев (1 Иоан. 3:16).

Отвергнутая жертва

[11] Пришел к своим, и свои Его не приняли. [12] А тем, которые приняли Его, верующим во имя Его, дал власть быть чадами Божиими, [13] которые ни от крови, ни от хотения плоти, ни от хотения мужа, но от Бога родились. [14] И Слово стало плотию, и обитало с нами, полное благодати

и истины; и мы видели славу Его, славу, как Единородного от Отца (Иоан. 1:11–14).

Размышляя о земном пути Иисуса, я особенно восхищаюсь Его кротостью и смирением. Иисус был не просто очередным посланником Хозяина виноградника к виноградарям, а Его сыном (Матф. 21:33–44). Через Него любящий Муж последний раз воззвал к блудной жене, к Израилю. И Его, как и многих предшественников, пророков, банально убили. Знать, что тебя не услышат, и продолжать взывать — это выше моих сил. Каждый день заботиться о том, кто тебя подло предаст (Иуда), и никак не изменить к нему своего отношения — кто на это способен?! Отдать Себя всего на служение неблагодарным людям, абсолютному большинству из которых не нужно было ничего, кроме земного благополучия, — как это возможно?! А ведь действительно, образно выражаясь, Иисус принес товар, который не нужен был даже даром. Он пытался достучаться до наглухо закрытых сердец, чьи нескрываемые желания были направлены совсем в другую сторону (Иоан. 6:33–36). Почти никто во всем Израиле понятия не имел, для какой цели явится Мессия. Они ждали освободителя от римлян, нищеты, болезней и всяческих земных бед. Читая Евангелия, я с горечью убеждаюсь, что Бог во плоти в очередной раз «провинился» перед Своим народом (Мал. 1:2, 2:17, 3:13–15).

Что еще они могли желать от Помазанника, как не рая на земле?! Да и кто откажется от восстановления Эдема с учетом того, как искусно Бог «модернизировал» планету после грехопадения (Еккл. 7:13). Кому может нравится такая реальность?! «Суета сует», — провозгласил Соломон и не ошибся. Жизнь тут однажды дала такой вселенский сбой, что не заметит разве что умалишенный.

Как же я желаю, чтобы это отвратное место по имени Земля либо преобразилось, либо просто *перестало быть!* Здесь созданные по образу Божию уничтожают себя и себе подобных практически с момента сотворения. Здесь тираны, которых поставляет Бог, обагряют свои руки кровью миллионов и ничего не чувствуют, кроме желания повторить. Здесь царствуют боль, отчаяние и страдания всех возможных видов, и — о! — если бы эти страдания приводили к Создателю, но ведь нет же! Абсолютное большинство доживает свой недолгий век, мучаясь и истязая ближних своих, так и не найдя выхода из лабиринта безбожия. И даже на смертном одре не могут обратиться, не могут помыслить о вечном, цепляясь мыслями за земное. Страх Божий не зарождается в них даже перед леденящим взором Аваддона, неумолимо приходящего за каждым потомком Адама, чтобы… прекратить временные страдания и начать другие — вечные.

Если бы не *вера*, я бы назвал всё это вселенским фарсом, нелепой постановкой, где каждому отведена своя жалкая роль, навязанная свыше. И в моменты духовного упадка я вижу мир глазами Екклесиаста — жестоким, подлым, грязным, что, собственно, так и есть, но самое главное — бессмысленным. Так хочется видеть смысл в Божьем плане сотворения, так хочется! Но в большинстве случаев он ускользает от меня, оставляя мечущийся в бреду разум на бережное попечение сестры милосердия — веры. И та терпеливо ухаживает за больным, отпаивая его настойками Слова, снова и снова возвращая его блуждающий взор к истинам Евангелия и самой его сердцевине — Кресту.

[3] *Он был презрен и умален пред людьми, муж скорбей и изведавший болезни, и мы отвращали от Него лицо свое; Он*

был презираем, и мы ни во что ставили Его. ⁴ Но Он взял на Себя наши немощи и понес наши болезни; а мы думали, что Он был поражаем, наказуем и уничижен Богом. ⁵ Но Он изъязвлен был за грехи наши и мучим за беззакония наши; наказание мира нашего было на Нем, и ранами Его мы исцелились (Ис. 53:3–5).

Иисус топтал проклятую Им же Самим землю и хлебнул тут лиха по полной программе. Он пришел, чтобы вырвать жало смерти — грех, и другого пути для починки ополоумевшего мира, судя по всему, просто не было. Вся жизнь Иисуса Христа от рождения до смерти — это одна сплошная жертва. Вы не представляете, от какого безумного ропота избавляет меня воплощение Иисуса. Как властно оно закрывает мне рот, когда какой-нибудь отвратительный факт земного бытия выбивает из-под меня почтение и я проваливаюсь в ледяные воды цинизма. «Хорошо Тебе там в неприступном свете, да? Кто Тебя обидит?! А Ты пробовал спуститься и посмотреть, на что обречены мы на этой вонючей земле?»

В том-то и дело, что спустился и все испытал (Евр. 4:15–16). Но будь я Его современником, я тоже не уразумел бы суть Его миссии, и вся духовная подоплека происходящего была бы скрыта от меня за горами плотских и таких понятных ожиданий. О, как Он разочаровал простых израильтян! Я так явственно ощущаю это разочарование. Оно такое понятное и по-человечески объяснимое. Будь я там, то впал бы в ярость, в неистовство от того, как невозмутимо и упрямо Он перечеркнул самые лелеемые чаяния Своего народа.

Закрывая глаза, я переношусь в Палестину на две тысячи лет назад, испытывая всю гамму эмоций и переживаний, охвативших Израиль при вести о возможном и долгожданном явлении Царя. Неужели? Не может быть? Тот самый

Помазанник из древних Писаний, да на моем веку?! Да, очень на то похоже. Он исцеляет от любых болезней, бесплатно кормит до отвала, гоняет бесов, как тараканов, и даже воскрешает мертвых! Боже мой, это сон или что?! Неужели нашим страданиям конец?!

Иисус, конечно, мы хотим жизнь с избытком, настоящую жизнь, а не это жалкое подобие. Мы трудимся как муравьи, пытаясь вырвать у алчного мира хоть крохи материальных благ, а делится он, как известно, очень неохотно. Несомненно, ты можешь все, раз тебе под силу вернуть человека с того света. Кто бы спорил! Так воспользуйся скорее своей властью и подари нам свободу, безопасность, изобилие, комфорт и, возможно, бессмертие, если повезет. Отмени все проклятия, насланные за грехи наших прародителей. Будь нашим Царем!

Что?! Рабство чего… греха?! Погоди, погоди, ты не с того рабства начал. Мы под Римом столько, сколько себя помним. Ты видел кресты вдоль дорог? На них мертвые евреи, между прочим, твои соотечественники. Какое Царство Небесное?! Прекрати эту до боли знакомую риторику святош. Мы *на земле* живем, здесь, сейчас! Кто займется *этой* жизнью, а не следующей?! Вот она, тошнотворная и до боли реальная: пыль, грязь, голод, нищета, изнурительный труд, благоденствие подлецов, угнетения, страдания, болезни, смерть.

Уважаемый Мессия, Царство Небесное тоже хорошо, никто не против. Когда сдохнем, тогда и войдем туда, — всему свое время. А пока давай, пожалуйста, начнем с земного. Ну, пожалуйста! Твоя предвыборная программа очень пугает, а именно — ты занимаешься тем, о чем мы не просим. Почему ты *напрочь* игнорируешь тот факт, что мы завоеваны?! Божьим народом правят жестокие язычники. Разве Царь Израильский не должен озаботится этой проблемой в первую очередь?! Где величие нашей страны времен Давида и Соломона? Может, это всё иудейские народные сказки?! Неудивительно, если так, потому что нас бьют и покоряют все кому не лень. Мы только и делаем, что переходим из рук в руки, как трофеи.

Ты очень красиво учишь и всё правильно говоришь… хотя, если честно, ничего непонятно. Но, будь добр, отрешись от высоких материй, замудреных притч и вот что пойми: *мы просто хотим пожить по-человечески,* не считая каждую копейку, не издыхая от тяжелой работы на жаре, не боясь своих и чужих. Ты налоги наши знаешь? Мы под тройным гнетом: кесарь, местные цари и религиозные поборы. Там, на небесах, вообще интересуются такими фактами? Спустись на землю, оглядись вокруг — мы народ Божий или кто?! Избранные — это те, кому должно быть хуже всех, что ли?!

Что? Кто?.. Хлеб, сшедший откуда?! Опять эти небеса! Да что ты будешь делать! При чем тут духовное?! Не надо хлеб небесный, дай обычный, земной! Это же так просто. Если ты можешь одной лепешкой кормить тысячи и ничего за это не брать, то мы будем твоими верными поданными. Если перед тобой пасуют все недуги и сама всемогущая смерть поджимает хвост, то мы будем славить тебя. Если потусторонние твари, шастающие в нашем мире как у себя дома и вселяющиеся в нас, боятся тебя как огня, то живи вовеки, царь. Мы видели, на что ты способен. Ради Бога, воспользуйся своей силой для земного процветания, преобрази Израиль. Увидев тебя, мы поверили, пойми, *поверили в старую как мир сказку о потерянном рае.* Вот он, на расстоянии вытянутой руки. Только повели ему быть, и будет. Ты же *можешь!*

Сколько уже было этих проходимцев мессий-депутатов перед тобой, только обещающих и ничего не могущих сделать! Одни *слова* и больше ничего. Они красиво врали, и даже если хотели помочь, то не могли. А ты слов на ветер не бросаешь. Сказал — сделал, у тебя это одно и то же. Ты разговариваешь на языке власти и силы: природа тебе повинуется, демоны разбегаются, болезни исчезают. Даже наш великий освободитель Моисей ничего подобного не умел. Ты круче всех пророков, бывших до тебя. Умоляем, не повторяй их судьбу, *не дай себя убить*. Не отнимай у нас надежду!

Ты так многообещающе въехал в Иерусалим. Сопровождавшие бросали тебе одежды под ноги и кричали «осанна», чуть не осипли. Мы глазам своим не верили, что это все вообще происходит наяву. Мы радовались так искренне, по-детски. Поздравляли друг друга, обнимались, торжествовали, пели песни. Мы ждали, что завтра всё изменится, иначе зачем ты въехал в столицу так помпезно, как царь?! Ты лучше нас должен понимать, что эти нелюди не простят тебе царские почести. Ты же не можешь вот так взять и добровольно засунуть голову в капкан. У тебя ведь есть план, да? Скажи, что у тебя есть умная стратегия свержения тирании. Скажи что-нибудь, сделай что-нибудь, во имя всего святого! Куда ты спрятался? Почему ты до сих пор не во дворце? Там твое место!

Так, стоп-стоп-стоп… Что происходит? Почему ты дал себя схватить? Почему молчишь как в рот воды набрал, в то время как тебя избивают, унижают, приговаривают к смерти?! Немедленно произнеси нужные слова и выбей дух из тех, кто издевается над тобой. Ты лев из колена Иудина или жалкий ягненок?! Ты не имеешь права вот так взять и умереть после того, как подразнил нас царством благоденствия. Это жестоко! Слышишь? Это как дать еду умирающему от голода и тут же ее отобрать, позволив ему захлебнуться слюной от божественных запахов. Не смей, не делай этого, остановись! Нет, нет, нет, не надо! Ты не себя убиваешь, ты нас убиваешь, наши надежды, мечты, наших детей, смысл жизни! Где справедливость?! Где Бог?!

Религиозные басни, это всё религиозные басни! Как надоело! Зло опять побеждает, всегда побеждало и будет побеждать. Идиоты, мы идиоты, поверившие в сказку, как малыши. Можно было бы посмеяться, но хочется выть, рыдать и проклинать. У-у-у… Ты предал нас! Ты не Мессия, ты немощный шарлатан, фокусник несчастный! Ничего ты не можешь, как и твои предшественники! А-а-а, будь ты проклят! Распни его, распни!

¹⁹И сказал им: о чем? Они сказали Ему: что было с Иисусом Назарянином, Который был пророк, сильный в деле и слове пред Богом и всем народом; ²⁰как предали Его первосвященники и начальники наши для осуждения на смерть и распяли Его. ²¹А мы надеялись было, что Он есть Тот, Который должен избавить Израиля; но со всем тем, уже третий день ныне, как это произошло (Лук. 24:19–21).

Не того избавления жаждали иудеи, не того. Он так и умер, не понятый никем: ни друзьями, ни врагами. Даже ближние не могли вместить, что Он искупительная жертва и не более. Сам бесстрашный Иоанн Креститель, сидя в темнице, в какой-то момент засомневался: «Ты ли тот или ждать нам другого?» (Матф. 11:2–4). А ведь можно понять и его. Мессия, Царь ходил где-то рядом, имея неземную власть, при этом позволяя своему лучшему слуге сидеть в клетке. Не пришел за ним Сын Божий, не пришел. Не вызволил, хотя творил великие дела, весть о которых доходила даже в тюрьму. Зато пришел палач и отсек ему голову так просто, так обыденно, как будто это был какой-то безродный бродяга, а не величайший из пророков (Матф. 11:11). И ангелы не встали на пути мерзавцев-заказчиков и исполнителей. И Христос ничего не сделал: не вынул меч, никого не наказал. Жизнь продолжилась. А потом пришла Его очередь стать жертвой. И там тоже все произошло довольно быстро и буднично. Ну, поволновался Иерусалим немножко, ну, погудел. Череда подлостей, низостей, предательства и вуа-ля — Создатель Вселенной обнаженный испускает дух на позорном кресте. Всё возможно в этом мире, всё возможно. И не онемели языки приговаривавших, и не отсохли руки бивших и казнивших, и земля не рухнула в преисподнюю от такого злодеяния, и не осыпались звезды. Так что, когда вы требуете от Бога воздаяния, искренне возмущаясь какой-нибудь «вселенской» несправедливостью (кто-то что-то украл и не сел), не драматизируйте сверх меры. Земля и не таких носила, и ничего, не надорвалась. Предадим всё в руки Судье праведному и будем прославлять Его за то, что нам Он Отец. Никому не пожелаю узнать Его как Судью.

Кстати, об отцовстве, думали ли вы когда-нибудь о том, на какие серьезные репутационные риски Создатель идет каждый день, отождествляя Себя с нами? Он остается нашим Отцом, хотя мы часто Его позорим. Это любовь продолжает чем-то расплачиваться. Вот вам еще один, третий аспект жертвенности наряду с воплощением и смертью. *Каждый день* Бог подобен отцу на родительском собрании, где отчитывают *Его* детей. И Он это терпит! Понимаете? Вмещаете? Не прячет глаза, не отмалчивается, не открещивается, мол, не знаю таких, а постоянно принимает последствия за Свое решение любить.

Будучи отцом, я уже что-то понимаю про подобную смелость и восхищаюсь великодушием Небесного Отца. Помню, как в моем сознании произошел перелом, и я начал по-другому мыслить в ситуациях, где сыновья меня позорят. По-прежнему ненавижу, когда такое происходит, порой хочется их придушить, а самому провалиться под землю. Однако теперь осознаю, что отцовство на грешной земле просто по умолчанию включает в себя стыд. Он не обязательно следствие родительских недочетов, но данность детской греховности, которую невозможно избежать. Нельзя предотвратить все ситуации, где ваше чадо вас осрамит. Ведь кто осмелится обвинить Небесного Отца в воспитательных промахах в те моменты, когда мы Его подводим. Свобода выбора воспитанников никуда не девалась.

Так вот, опозоренные земные родители нередко так или иначе вымещают свою горечь на тех, кто их подставил. И тогда гнев падает на головы маленьких или уже не маленьких грешников. Необходима огромная любовь и преданность, чтобы, не прикрываясь, не оправдываясь, не открещиваясь, принять репутационный удар на себя, без огнемечущих мыслей и обещаний по типу: «Ну погоди, позорник, я тебе устрою».

Итак, воистину настоящая любовь к грешнику будет стоить дорого. Ибо человек — это одни сплошные слабости, нужды и образ жизни, приводящий к всевозможным болезненным последствиям. Невозможно истинно любить такое существо и при этом не разгребать вместе с ним завалы его проступков. Невозможно истинно любить такое существо и не нести вместе с ним груз его ошибок и грехов. Невозможно истинно любить такое существо и не страдать вместе с ним и за него. Страдания — это неизбежность для того, кто связался с человеком. *Страданиями проверяется любовь.* Связав себя узами какого-либо завета, вы обречены на всевозможные потери. Не может быть иначе! Так что боль — это обратная сторона любви к несовершенному существу, *и кто хочет избежать боли, перестает любить.* На падшей Земле — это закон!

Так и Бог убедительно доказал, что умеет любить, пройдя через непостижимую боль. Да не усомнимся! Когда мы изнемогаем, жертвуя собой в отношениях с ближними, мы должны помнить о Том, Кто потерял Отца, божественность и жизнь ради нас. Мы знаем, где заряжать батарейки — в Его великой любви. Она излилась в сердца наши Духом Святым (Рим. 5:5). Поэтому у нас всегда есть чем поделиться с ближним. Было бы желание!

...И живите в любви, как и Христос возлюбил
нас и предал Себя за нас в приношение
и жертву Богу, в благоухание приятное.

—— Ефесянам 5:2 ——

Глава 5

Вечная любовь

В предыдущих главах мы говорили о том, что Божья любовь безусловная и жертвенная. Однако в контексте взаимоотношений между Безгрешным и грешниками возникает актуальный вопрос: как долго такая любовь может длиться? Ее ведь постоянно испытывают на прочность. На земле у всего есть срок годности. Почему не предположить, что благодать тоже может износиться?

Название главы уже дает вам мой ответ: любовь Господа вечная. Это ее третье качество. Гарантом ее бесконечности является неизменный характер Отца (Мал. 3:6). Не может она ни усилиться, ни ослабнуть, ни трансформироваться во что-то иное. Не изменяющийся Бог однажды нас возлюбил, и не существует никакой силы во Вселенной, которая могла бы эту любовь остановить (Ис. 49:15; Рим. 8:38–39). С этим многие согласятся. А как насчет свободной воли возлюбленных? Что, если сам христианин сознательно отречется от Бога?

Здесь уместно вспомнить извечный дискуссионный вопрос о том, можно ли потерять спасение. Но прежде чем углубиться в обсуждение этой темы, хочу заявить, что мне одинаково дороги все братья во Христе: как считающие, что спасения можно лишиться, так и уверенные в безопасности детей Божьих. Эта тема не должна быть предметом разделений и ссор внутри Церкви. Господь нелицеприятно любит как немощных в вере, так и сильных, значит и мы не должны предпочитать одних другим. По большинству разногласий в семье Божьей окончательно все станет ясно в день Господень. Главное — поступать по совести, в согласии со своей верой. Кстати, парадоксально (на первый взгляд), но я знаю твердо убежденных в своем спасении христиан, чья уверенность при этом держится на собственных духовных усилиях, и сомневающихся, но полагающихся на милость Божью. И такое бывает.

Они вышли от нас...

На основании Слова Божия я верю всей душой, что спасение потерять нельзя. Его можно никогда не иметь. Это и объясняет все так называемые случаи отпадения от веры. «Они вышли от нас, но не были наши: ибо если бы они были наши, *то остались бы с нами*; но они вышли, и через то открылось, что не все наши» (1 Иоан. 2:19).

Всегда будут те, кто *не несет креста*, но при этом пытается какое-то время идти за Христом (Лук. 14:27). Всегда будут те, кто начал строить, но не достроил (Лук. 14:28–30). Всегда будет тот второй вид сердечной почвы, куда истина попадет, но ненадолго (Лук. 8:4–15).

¹¹ Вот что значит притча сия: семя есть слово Божие; ¹² а упавшее при пути, это суть слушающие, к которым потом приходит диавол и уносит слово из сердца их, чтобы они не уверовали и не спаслись; ¹³ а упавшее на камень,

это те, которые, когда услышат слово, с радостью принимают, но которые не имеют корня, и временем веруют, а во время искушения отпадают; [14] а упавшее в терние, это те, которые слушают слово, но, отходя, заботами, богатством и наслаждениями житейскими подавляются и не приносят плода... (Лук. 8:11–14)

Очевидно, что некоторые *проявили интерес* к Евангелию, согласились с ним, признали необходимость спасения, но слова жизни *не укоренились* в их сердцах. Они устами исповедовали, но сердцем не веровали, вернее, веровали, но не сердцем, ибо «временем веруют, а во время искушения отпадают...» (Лук. 8:13). Подобным образом у евреев хватило «веры» выйти за Моисеем из Египта, но в землю обетованную они войти не смогли. Помните почему? За неверие (Евр. 3:19). Они начали путь избавления от рабства, но не закончили. Эти же люди в предыдущем стихе названы непокорными (Евр. 3:18). Как вера проявляется в послушании, так неверие — в непокорности. Неверие всегда обнаружит себя в очевидном и упрямом неповиновении Божьим повелениям.

Я и вы видели такое много раз. Человек участвует в церковной жизни, даже несет служение, благовествует, читает Библию, молится, прекрасно знаком с основными доктринами, пребывает в общении с детьми Божьими и мало чем от них отличается. Но однажды *неизбежно* жизненный путь приводит его к развилке, где дальнейшее следование за Господом требует самоотречения и покорности какому-то ясному библейскому запрету. И... с невыразимой легкостью, я бы даже сказал, с облегчением таковой уходит от Христа, даже не оглядываясь. Театр заканчивается внезапно и навсегда, и речь не о том, что все это время он искусно лицемерил, изображая верующего. Скорее всего, он сам принимал свою «веру» за чистую монету. Ведь, услышав Слово, он с радостью принял его, но пришло искушение или испытание и просто выявило истинные ценности (Лук. 8:13).

Спустя некоторое время в нем не остается никаких следов его веры, кроме безосновательной и слепой убежденности, что «с Богом у него всё нормально». Церковные связи рвутся без сожаления. «Духовность» выветривается с такой невероятной скоростью, что глазам не веришь. Еще вчера он что-то там задвигал про Бога, а сегодня разговаривает на своем родном мирском языке, не скрывая плотские желания, ради удовлетворения которых готов пожертвовать вечной жизнью. *Страшный* Суд больше *не страшен…* так себе — неприятная перспектива неопределенного будущего, о которой лучше не думать. Есть более важные вещи, требующие внимания и действий. По-настоящему *страшно* оставить неудовлетворенными свои мечты и похоти.

Без веры можно увлечься христианством как хобби на время, по стечению обстоятельств, но сердце идет только вслед за сокровищем (Матф. 6:21). Без веры такое сокровище может быть *только на земле*. Отсюда и зацикленность на земных благословениях: достаток, комфорт, романтическая любовь, семья, творчество, карьера, успех, известность и исполнение всех желаний. Есть только то, что можно пощупать. Важно только то, что приносит пользу сейчас. Ценно только то, к чему влекут чувства. Остальное — бессмысленная религиозная болтовня, в которой нет ничего практичного.

Как же нестерпимо жмут хрустальные туфельки безотрадного христианства, так необдуманно и опрометчиво надетые однажды. Нет-нет, это не мой размер жизни, не мой мир. Я здесь случайно, по глупости и недоразумению. Тесно, тесно душе, обремененной запретами на земные радости и удовольствия. И ради чего, вы только подумайте, ради чего я должен разделять мировоззрение, навязанное старой и скучной книгой?! Счастье проходит мимо, драгоценные годы летят. Разве можно в здравом уме похоронить себя заживо в мрачном и затхлом монастыре церковной скуки?! Почему я делаю вид, что эта духовная пища восхитительна? Она отвратительна! Надоело причмокивать, подражая остальным. Лицемеры! Они все лицемеры, лгущие себе и остальным. Не вкусно, вообще не вкусно! Это одно сплошное притворство.

Бог — въедливая заноза в моей душе, которую я сам себе вогнал однажды, поддавшись стадному инстинкту. Только устремлюсь мыслями к запретным сокровищам, она тут как тут — бередит совесть ненавистными поучениями. То нельзя, это нельзя, ничего нельзя! С меня хватит! Долой средневековые предрассудки и ложное чувство вины. Я жить хочу, жи-и-ить, ни в чем себе не отказывая! Хочу хотеть и брать, что хочу. Я вырву эту занозу, ибо нет бога, кроме моих желаний, и нет иного пророка, кроме сердца моего.

Друзья, не забывайте, что Иуда три года как приклеенный ходил за Иисусом, участвовал во всех мероприятиях, переносил трудности, лишения бродячей жизни и не оставил Христа, когда многие ученики соблазнились Его учением. Однако с самого начала он был *сыном погибели,* чье сердце никогда не впускало преображающую силу Слова Мессии. Три года ему было по пути с Иисусом из Назарета. Три года его все более или менее устраивало. Можно было аккуратно подворовывать из кассы, не привлекая к себе внимания. Что говорили — исполнял, куда велели — шел. Потом настал час, и прилетела раскаленная стрела искушения, пущенная хозяином преисподней, а защититься было нечем. Щита веры не оказалось (Еф. 6:16). И как будто не было трех лет в обществе лучшего из когда-либо живших. Как будто не было совместных трапез, задушевных разговоров, бесчисленных чудес, сотворенных у него на глазах. Как же так, что воплощенное Совершенство не оставило в душе Иуды никакого следа, даже самой поверхностной привязанности, теплых чувств и благодарности?! Или все-таки оставило? Не знаю, но наверняка знаю другое: случайные люди в церкви никогда по-настоящему не тяготятся грехом, приходя ко Христу для облегчения какого-то другого бремени. Даже осознавая свои преступления, они не ищут *прощения,* как мы видим по Иуде. Чувство вины было такое сильное, что загнало его в петлю, но не поставило на колени и не излилось слезами покаяния. Как страшно! Прощение было рядом, на расстоянии сокрушенной молитвы. Надо было только обратиться к Тому, Чье милосердие не знает границ. Да, он попытался решить проблему, но самостоятельно: вернулся к первосвященникам, признал, что предал невинного человека, вернул деньги. Это уже ничего не могло исправить, и вина не ушла. Почему-то он так и не понес ее к Богу, призвав на помощь другого «доктора» — смерть.

Как же так, что, зная Иисуса три года, Иуда однажды просто банально променял Его на деньги, причем, не такие уж и большие? Дело в том, что несмотря на ежедневное слушание проповедей о Царстве Божьем он всегда жил только земным. Ни красота характера Сына Божия, ни воскрешения, ни исцеления, ни изгнание бесов и никакие другие чудеса не побудили несчастного искать то самое Царство и его праведность (Матф. 6:33). Он продолжал искать того же, что и ранее отпавшие ученики, поэтому уход Иуды был вопросом времени. Его персональная беда заключалось в том, что он не захотел уходить с пустыми руками, попытавшись сорвать куш таким постыдным образом.

Те, кто пришел ко Христу за чем угодно, кроме прощения грехов, однажды просто потеряют к Нему интерес в свете чего-то более привлекательного. Таким образом они «потеряют спасение», к которому на самом деле никогда не стремились. Ибо как может отречься от Иисуса тот, кто всем сердцем *верит* в неизбежность Суда?! Как может отречься от Иисуса *жаждущий* избавления от греха и возмездия за него?! Как может отречься от Иисуса обретший в Нем незаслуженную милость и смысл жизни?! Как может отречься от Иисуса тот, в ком живет Его Дух?!

Избрание — начало благодати

Забудет ли женщина грудное дитя свое, чтобы не пожалеть сына чрева своего? Но если бы и она забыла, то Я не забуду тебя (Ис. 49:15).

Думали ли вы когда-нибудь о том, что Бог до сих пор любит Израиль безответной любовью? Около трех с половиной тысяч лет эти отношения держатся исключительно на одной Личности. Вторая сторона (богоизбранный народ) живет своей жизнью, и ему дела нет до какого-то там Яхве. Все это время они грешат, не желая знать Создателя, и самым чудовищным их преступлением было, конечно же, убийство Мессии. Тем не менее Слово ясно учит, что Бог не отверг Свой народ, как отверг и полностью уничтожил другие, переставшие существовать, подобно потомкам Исава — родного брата Иакова.

Если Едом скажет: «Мы разорены, но мы восстановим разрушенное», то Господь Саваоф говорит: они построят, а Я разрушу, и прозовут их областью нечестивою, народом, на который Господь прогневался навсегда (Мал. 1:4).

Невозможно говорить о бесконечности Божьей любви в отрыве от избрания, поэтому начнем приоткрывать эту истину потихоньку. Мы только что прочли о решении Вседержителя лично противостоять нечестивым едомлянам. Это значит, что у них не было шансов, и причина не в том, что они были грешнее израильтян, а в том, что Бог на них прогневался *навсегда*. Этому предшествовал Его выбор, о чем говорят предыдущие стихи:

² Я возлюбил вас, говорит Господь. А вы говорите: «В чем явил Ты любовь к нам?» — Не брат ли Исав Иакову? говорит Господь; и однако же Я возлюбил Иакова, ³ а Исава возненавидел и предал горы его опустошению, и владения его — шакалам пустыни (Мал. 1:2–3).

Безответная любовь Господа к евреям изначально была явлена в избрании. Такой дифференцированный подход плохо укладывается в голове и рождает вопросы о справедливости. На фоне такого отношения к потомкам Исава мы видим совершенно другой подход к отпрыскам Иакова:

⁷ Он показал пути Свои Моисею, сынам Израилевым — дела Свои. ⁸ Щедр и милостив Господь, долготерпелив и многомилостив: ⁹ не до конца гневается, и не вовек негодует. ¹⁰ Не по беззакониям нашим сотворил нам, и не по грехам нашим воздал нам: ¹¹ ибо как высоко небо над землею, так велика милость Господа к боящимся Его; ¹² как далеко восток от запада, так удалил Он от нас беззакония наши; ¹³ как отец милует сынов, так милует Господь боящихся Его (Пс. 102:7–13).

Не до конца гневается и не вовек негодует… Не по беззакониям нашим сотворил нам и не по грехам нашим воздал нам… Похоже на лицеприятие, честно говоря. Но лицеприятие всегда обусловлено либо некой личной выгодой, либо какими-то преимуществами того, кого предпочитают. А избрание иудеев как народа никаким образом не объясняется ни особыми достоинствами над остальными, ни уж тем более корыстью Творца (Втор. 7:6–8). Благодать, как вы помните, — это незаслуженная милость, излившаяся на тех, кто не имел на нее права. Прочтем уже знакомый отрывок:

²²А ты, Иаков, не взывал ко Мне; ты, Израиль, не трудился для Меня. ²³Ты не приносил Мне агнцев твоих во всесожжение и жертвами твоими не чтил Меня. Я не заставлял тебя служить Мне хлебным приношением и не отягощал тебя фимиамом. ²⁴Ты не покупал Мне благовонной трости за серебро и туком жертв твоих не насыщал Меня; но ты грехами твоими затруднял Меня, беззакониями твоими отягощал Меня. ²⁵Я, Я Сам изглаживаю преступления твои ради Себя Самого и грехов твоих не помяну… (Ис. 43:22–25)

⁸Ты и не слыхал и не знал об этом, и ухо твое не было прежде открыто; ибо Я знал, что ты поступишь вероломно, и от самого чрева матернего ты прозван отступником. ⁹Ради имени Моего отлагал гнев Мой, и ради славы Моей удерживал Себя от истребления тебя. <…> ¹¹Ради Себя, ради Себя Самого делаю это, — ибо какое было бы нарекание на имя Мое! Славы Моей не дам иному (Ис. 48:8–9, 11).

Потомки Иакова даже не взывали к Богу, не трудились для Него, а только прилагали грех к греху (Ис. 43:22–24). При этом Он все равно изглаживает их преступления… ради Себя Самого (Ис. 43:25). Вы только вдумайтесь в этот факт. Однажды

Господь сделал выбор и с тех пор остается верен. Согласитесь, что верность возлюбленному лучше всего проверяется его неверностью (2 Тим. 2:13).

Неужели Всемогущий так и будет любить несмотря на то, что объект любви и думать о Нем не думает? Разве повторяющийся грех не отменяет благорасположение Создателя? Читайте сами. Как по-другому можно еще понять эти отрывки? Преступления израильтян не заставили Бога искоренить их как нацию, а с едомлянами Он ровно так и поступил (Пс. 102:10). На одних Он прогневался навсегда, а на других «не до конца, не вовек» (Пс. 102:9). И первопричина такого разного отношения заключается в избрании, чему Писание недвусмысленно учит.

Еще один очевидный факт заключается в том, что решение любить избранных не может быть отменено благодаря неизменному Божьему характеру. Неизменность Бога является гарантом Его бесконечной любви.

6Ибо Я — Господь, Я не изменяюсь; посему вы, сыны Иакова, не уничтожились. 7Со дней отцов ваших вы отступили от уставов Моих и не соблюдаете их... (Мал. 3:6–7)

Вот вам незаслуженная милость в чистом виде! Сыны Иакова всегда усердствовали в своем безбожии, но стали объектом избрания Божьей любви. Приводя Израиль в пример, иллюстрирующий избрание и вечную любовь, нужно оговориться. Избрание это относится к народу в целом, а не к каждому его представителю. Другими словами, не все они получат вечную жизнь. Евреи были отделены от всех остальных этносов, чтобы войти в завет с Творцом Вселенной, однако Слово Божье ясно и недвусмысленно заявляет, что генетического родства с Авраамом для спасения недостаточно (Матф. 3:7–10). Нужна вера (Рим. 4:16–25). Израильтяне в основной массе своей всегда были неверными, однако это не мешало Господу восстанавливать их как нацию после каждого наказания.

> ³ *Издали явился мне Господь и сказал: любовью вечною Я возлюбил тебя и потому простер к тебе благоволение.* ⁴ *Я снова устрою тебя, и ты будешь устроена, дева Израилева, снова будешь украшаться тимпанами твоими и выходить в хороводе веселящихся... (Иер. 31:3–4)*

Верность Господа Своему выбору неизменно приводила к тому, что каждое наказание сменялось милостью.

> ²² *...По милости Господа мы не исчезли, ибо милосердие Его не истощилось.* ²³ *Оно обновляется каждое утро; велика верность Твоя! (Пл. Иер. 3:22–23)*

Обновляющееся каждое утро милосердие — удивительная истина, демонстрирующая бездонную благодать. Буквальный перевод — новое, свежее милосердие. Израиль на протяжении нескольких тысяч лет, кажется, делает все возможное, чтобы его истощить, но оно ежедневно обновляется. Их неверность не может отменить верность Искупителя.

Гарантия завершенности спасения

В контексте размышлений о бесконечности Божьей любви невозможно обойти стороной один известный отрывок из Послания Павла к римлянам.

> ²⁸ *Притом знаем, что любящим Бога, призванным по Его изволению, все содействует ко благу.* ²⁹ *Ибо кого Он предузнал, тем и предопределил быть подобными образу Сына*

Своего, дабы Он был первородным между многими братиями. ³⁰А кого Он предопределил, тех и призвал, а кого призвал, тех и оправдал; а кого оправдал, тех и прославил (Рим. 8:28–30).

«Предузнал» — интересное понятие. Вообще, в древнегреческом языке есть два наиболее часто употребляемых слова в значении «знать». Когда носители языка хотели сказать, что просто обладают какой-то информацией (знаю о чем-то, о ком-то), то использовалось слово οἶδα (*ойда*), но когда подразумевалось личное знакомство (знаю кого-то), то в ход шло слово γινώσκω (*гиноско*).

Помните слова беса? «Оставь! Что Тебе до нас, Иисус Назарянин? Ты пришел погубить нас! *Знаю Тебя, кто Ты, Святой Божий*» (Марк. 1:24). В тексте используется οἶδα (*ойда*), и это принципиально важно. Это не знание Иисуса как друга, а обыкновенное понимание того, кто стоит перед злым духом. Такое знание никак не связывало Христа и беса и не подразумевало отношения. А γινώσκω (*гиноско*) — это отношения (Иоан. 17:3).

Поэтому когда Павел говорит о том, что Бог нас предузнал (προγινώσκω, *прогиноско*), то это не значит, что Он просто заранее знал, кто к Нему обратится. При таком толковании использовалось бы другое знакомое нам слово (οἶδα, *ойда*) ибо речь шла бы только об информации. Вот еще один отрывок в копилку моей этимологической аргументации.

²²Многие скажут Мне в тот день: Господи, Господи, не от Твоего ли имени мы пророчествовали? И не Твоим ли именем бесов изгоняли? И не Твоим ли именем многие чудеса творили? ²³И тогда объявлю им: Я никогда не знал вас; отойдите от Меня, делающие беззаконие (Матф. 7:22–23).

Говоря «Я никогда не знал вас», Он использует слово γινώσκω (*гиноско*). Понятно, что Бог знает (οἶδα, *ойда*) этих людей, ведь Он их Создатель. Но Он имеет в виду другое знание, включающее *личное знакомство* и *общение*. Предузнать поэтому означает, что Бог принял решение познакомиться с нами и войти в общение до того, как мы появились на свет, выросли и приняли такое же решение. Он уже знал нас тогда.

⁴…Так как Он избрал нас в Нем прежде создания мира, чтобы мы были святы и непорочны пред Ним в любви, ⁵предопределив усыновить нас Себе чрез Иисуса Христа, по благоволению воли Своей… (Еф. 1:4–5)

Избрание состоялось по Его инициативной воле не просто до нашего рождения, а до сотворения всего сущего. Поэтому началось все с предузнания, а дальше это уже одна целая, неразрывная цепочка Божьих действий, последнее из которых прославление, то есть завершение процесса спасения:

Предузнал — Предопределил — Призвал — Оправдал — Прославил

Хотя хронологически прославления еще не произошло, Бог через апостола говорит о нем, как о свершившемся факте, констатируя: «Я вас прославил»! Для Господа, Который вне времени, это реальность. Он видит нас прославленными сейчас точно так же, как видел вступившими с Ним в общение до сотворения мира. А поскольку это *уже* существующее в будущем состояние, то оно *необратимо*.

Есть еще одна причина, дающая уверенность в бесконечности Божьей любви. Она заключена в *характере завета*, который Бог заключил с верующими всех времен в Аврааме. Остаток главы хотелось бы посвятить данной теме.

Завет веры

¹⁶ Но Аврааму даны были обетования и семени его. Не сказано: и потомкам, как бы о многих, но как об одном: и семени твоему, которое есть Христос. ¹⁷ Я говорю то, что завета о Христе, прежде Богом утвержденного, закон, явившийся спустя четыреста тридцать лет, не отменяет так, чтобы обетование потеряло силу (Гал. 3:16–17).

Первым по хронологии идет не завет Моисея, но завет веры, являющийся олицетворением благодати. Это не обычный завет, где заключается двустороннее соглашение с взаимными обязательствами. Завет веры заключен в *одностороннем* порядке. Хоть он формально и назван заветом, по сути своей — это обетование, обещание, как сказал Павел. Это завет в том смысле, что с одной стороны кто-то клянется, а именно Бог, но при этом от второй стороны не требуется никаких обещаний.

Ибо если по закону наследство, то уже не по обетованию; но Аврааму Бог даровал оное по обетованию (Гал. 3:18).

В 15-й главе Бытия мы читаем о том, как был заключен завет-обетование. Бог велел Аврааму приготовить (рассечь) животных: телицу, козу, овна, горлицу и голубя. Там Создатель прошел между рассеченными животными, обещая землю его потомству (семени) (Быт. 15:17–18). Авраам не сделал то же самое, а, между прочим, должен был по правилам заключения договоров. Так что это был завет, где только одна сторона давала обещание, а от второй ничего не ожидалось. Удивительно! Опять благодать в чистом виде!

Однако с этой второй стороной что-то случилось перед заключением завета. Вернее, это случилось раньше, но здесь проявилось в конкретном волевом действии, и это очень важно.

⁵И вывел его вон и сказал: посмотри на небо и сосчитай звезды, если ты можешь счесть их. И сказал ему: столько будет у тебя потомков. ⁶Аврам поверил Господу, и Он вменил ему это в праведность (Быт. 15:5–6).

Авраам поверил! Особенность завета веры в том, что он заключается с верующими людьми. Это обетование вечного наследия, где праведность вменяется по вере. Вот как получают спасение — через веру, а не через безупречное послушание. Предугадывая логическое недоумение своих слушателей, Павел продолжает:

¹⁹Для чего же закон? Он дан после по причине преступлений, до времени пришествия семени, к которому относится обетование, и преподан через ангелов, рукою посредника. ²⁰Но посредник при одном не бывает, а Бог один (Гал. 3:19–20).

Здесь он упоминает две особенности закона Моисея. Во-первых, закон дан, чтобы назвать по имени каждое преступление, о чем мы уже говорили и еще скажем (Рим. 7:7). Во-вторых, закон «преподан через ангелов, рукою посредника, но посредник при одном не бывает, а Бог один». И вот это как раз-таки ссылка на то, что завет с Авраамом был заключен без посредников, напрямую и в одностороннем порядке.

Наличие посредника утверждало двусторонние обязательства с последствиями за невыполнение (Втор. 28). Такой завет был заключен на горе Синай с посредником Моисеем (Иоан. 1:17).

Не думайте, что Я буду обвинять вас пред Отцом: есть на вас обвинитель Моисей, на которого вы уповаете (Иоан. 5:45).

²¹ Итак закон противен обетованиям Божиим? Никак! Ибо если бы дан был закон, могущий животворить [оживлять], то подлинно праведность была бы от закона; ²² но Писание всех заключило под грехом, дабы обетование верующим дано было по вере в Иисуса Христа (Гал. 3:21–22).

Однако «завета о Христе, прежде Богом утвержденного, закон, явившийся спустя четыреста тридцать лет, не отменяет так, чтобы обетование потеряло силу» (Гал. 3:17). Так что закон не противоречит обещанию, ранее данному Аврааму. Это не замена, не альтернатива, не само спасение, а лишь указатель на него. Написав Пятикнижие, Моисей *первым* рассказал о праведности через веру (Иоан. 5:46–47).

Итак закон был для нас детоводителем ко Христу, дабы нам оправдаться верою… (Гал. 3:24)

Закон сторожил нас ровно до того дня, в который мы уверовали. Это он за руку привел нас ко Христу, как и предназначалось. Мы были под его властью, пока не стали детьми Божьими по вере.

Если же вы Христовы, то вы семя Авраамово и по обетованию наследники (Гал. 3:29).

Что значит по обетованию? Не по двустороннему договору, не по закону Моисея, а по одностороннему обещанию Бога, данному всем сынам Авраама. Поэтому истина о том, *как заключен завет веры,* — один из краеугольных камней учения о безопасности спасения.

¹ Разве вы не знаете, братия (ибо говорю знающим закон), что закон имеет власть над человеком, пока он жив? ² Замужняя женщина привязана законом к живому мужу; а если умрет муж, она освобождается от закона замужества.

³ Посему, если при живом муже выйдет за другого, называется прелюбодейцею; если же умрет муж, она свободна от закона, и не будет прелюбодейцею, выйдя за другого мужа. ⁴ Так и вы, братия мои, умерли для закона телом Христовым, чтобы принадлежать другому, Воскресшему из мертвых, да приносим плод Богу (Рим. 7:1–4).

Как физическая смерть освобождает от обетов брака, так смерть Христа освободила нас от власти бывшего мужа — закона с его нетерпимостью к ошибкам. Хоть наше послушание и далеко от совершенного, проклятия закона уже не страшны.

Сами по себе заповеди Закона не зло, но, напротив, добро (Рим. 7:12). Однако они стали злом из-за цели, которую однажды поставили перед собой галаты. И вот что меня поражает: когда святой, чистый закон Божий проповедуется для спасения по делам, то такое учение становится ересью! И лучшее тому доказательство — анафема Павла на тех, кто так учил. Невероятно, но факт: Павел провозглашает отлучение тем, кто призывал к исполнению Закона для получения вечной жизни. Делайте выводы, друзья.

Все, что дает Мне Отец, ко Мне придет;
и приходящего ко Мне не изгоню вон...

—— Иоанна 6:37 ——

Глава 6

Бессилие закона

В 7-й главе Послания к римлянам апостол Павел доходчиво объясняет, каким образом святая, праведная, добрая заповедь сделалась нам смертоносной. Закон Божий, оказывается, — убийца, но не сам по себе, а благодаря нашей немощи (Рим. 7:12–14). Мы не можем жить под его правлением, ибо неспособны безупречно повиноваться. Этот господин не терпит даже одного единственного нарушения, тут же отправляя на плаху провинившегося (Иак. 2:10; Рим. 6:23). Бог наш — «огонь поядающий», а это значит, что только огнеупорный может выжить при встрече с Ним. Это не про нас. Но слава Господу, что мы умерли для закона телом Христовым, и он больше не может приговаривать к смерти искупленных (Рим. 7:4).

Закон, безусловно, важен и нужен, но только для цели, которую ему предназначил Создатель — для обнаружения греха. Однако люди — удивительные существа. Они умудрились вооружиться тем, что должно было их разоблачить, распластать перед Святым и заставить возложить свое упование исключительно на Его милость. Закон это сделал со старцем Симеоном, упомянутым во Введении. Сей муж надеялся на благодать, а не на добродетельность, хотя провозглашается человеком праведным и благочестивым (Лук. 2:25–32). Закон выполнил свою функцию и стал его детоводителем ко Христу (Гал. 3:24). Пока его современники — фарисеи и книжники, обвешиваясь табличками и коробочками, вдохновенно сами себя спасали, он смиренно ждал спасения с Небес. Мудрый старец понял, что закон — градусник, а не жаропонижающее, и обратил свой взор к грядущему Целителю человеческих душ.

«Вы тяжело больны, — возвещал закон иудеям веками. — Я здесь, чтобы поставить диагноз и направить на лечение. Перестаньте прикладывать меня к больным местам. Я не лекарство. Я зеркало, предназначенное показать нечистоту, чтобы вы всем сердцем возжелали баню возрождения и обновления Святым Духом (Тит. 3:5). Почему же вы самодовольно крутитесь передо мной, примеряя одно за одним одеяния религиозной исполнительности?!»

Законничество

На протяжении предыдущих глав я так или иначе касался феномена законничества. Давайте детально обсудим эту тему, периодически возвращаясь к ней в дальнейшем. Рассуждая о благодати, невозможно избежать разговора и о ее основном конкуренте. Так уж повелось, что Новый Завет ввел в церковный обиход концепции законничества и законника, которыми пользуются по делу и без. Думаю, у каждого сложилось свое представление о том, что это такое. С точки зрения прямого библейского значения законник — это учитель Закона Божьего. Здесь нет никакой негативной коннотации в отличие от современного использования данного слова. В наши дни законник — это своеобразный бабайка, ограничивающий свою и чужую свободу во Христе, следуя каким-то строгим предписаниям, взятым якобы из Слова Божия. Его образ, конечно, варьируется в зависимости от церковной субкультуры, но в карикатурном описании это персонаж, застегнутый на все пуговицы, не улыбающийся, чтобы не быть заподозренным в смехотворстве, окруживший себя многочисленными запретами на прелести жизни, не читающий ничего кроме Библии и избегающий всего мирского.

В общехристианском, обывательском понимании законничество — это не просто следование заповедям для угождения Богу (что само по себе верно), но намеренное и добровольное наложение на себя и, к сожалению, на других дополнительных запретов и предписаний, как будто заповеданных Господом.

Условно законников можно поделить на две основные категории. Первые усердствуют в соблюдении закона *с целью спасения души,* не имея достаточно веры, чтобы возложить все упование на жертву Христа. Это, скажем так, галатийское законничество, очевидно искажающее Евангелие. Я не буду на него реагировать, ибо на эту тему написано достаточное количество хороших книг, не говоря уже об изумительном Послании к галатам.

Вторые же любят религиозные правила и ограничения без сотериологической подоплеки. Они в массе своей понимают, что спасение — дело Христа, к которому нечего добавить. Так что правила благочестия изобретаются *для получения благословений, достижения большей праведности и более явного отделения от мира.* По крайней мере, так это постулируется. Как вы понимаете, святости никогда не бывает слишком много, так что эта цель вполне уместна. При этом я всегда выступаю за исследование своего сердца самым тщательным образом, прежде чем записать какое-то поведение, отношение, реакцию, чувство в категорию духовного. Сколько неприятностей потом случается от таких «духовных» находок. Я никогда не видел, чтобы даже самая очевидная глупость была совершена без «библейских» обоснований. Плотское поведение особенно трудно обнаружить в том случае, когда на поверхности оно как будто соответствует требованиям Писания. А стремление к благочестию и к отделению от мира — как раз тот самый случай. Прикрываясь этой Божьей целью, можно много чего наворотить *человеческого*, и воротят.

Проблема законничества начинается тогда, когда в процесс духовного роста вовлекается ветхая природа. Поэтому, чтобы не обмануться, давайте выделим один важный признак, по которому можно отследить ее вовлеченность в любую сферу жизни.

Страх потери контроля

В процессе душепопечения сотен людей я пришел к выводу, что абсолютное большинство законников — это так называемые контролеры. Не побоюсь утверждать, что именно похоть контроля является главным (не обязательно единственным) двигателем законничества. Это одна из похотей в категории гордости житейской (букв. жизни), при помощи которой человек осуществляет свою претензию на божественность (Быт. 3:4–6; 1 Иоан. 2:16). Подробно я пишу об этом в книге «Научи меня любить» (гл. 1), а сейчас добавлю кое-какие данные, необходимые для нашего обсуждения.

Контролер покушается минимум на пять непередаваемых божественных атрибутов: всевластие, всемогущество, всезнание, самодостаточность, вездесущность. Дам очень краткие пояснения, раскрывающие суть этих претензий, по каждой из которых можно было бы написать отдельную главу.

Претензия на всевластие (суверенность). Это сильное желание управлять и направлять процессы, простирающиеся за пределы наших полномочий. Это постоянное самосанкционированное вмешательство в жизнь людей и в ситуации с целью контроля. Лозунг: *я имею право!*

Претензия на всемогущество. Это сильное желание справиться с каждой задачей, которую подкидывает жизнь, и отрицание ограничений, являющихся обыкновенным фактором тварной человеческой природы. Обратная сторона этого желания — страх немощи. Лозунг: *я могу, я умею!*

Претензия на всезнание. Это сильное желание обладать как можно большим количеством информации, знаний, связей, чтобы не ощущать информационную беспомощность перед лицом проблем. Обратная сторона — страх интеллектуальной немощи. Лозунг: *я знаю!*

Претензия на самодостаточность. Это сильное желание физической или духовной автономии. И снова речь идет о страхе перед любой немощью, вынуждающей испытывать зависимость от внешних ресурсов. Лозунг: *я сам!*

Претензия на вездесущность. Это сильное желание контролировать процессы и ситуации, проходящие за пределами фактического местонахождения контролера. Трудно сформулировать данный лозунг в одной фразе (*я всё вижу?*), однако полагаю, что идею вы уловили.

Похоть контроля включает в себя все эти виды в различных пропорциях и комбинациях в зависимости от индивидуальности. Это своеобразная и незаметная игра в Бога или, как было сказано выше, претензия на божественность.

Сделаем, однако же, важную оговорку. Можно ли автоматически записать контроль в плохие желания? Конечно нет. Ведь контроль во многих случаях оправдан, как, например, в контексте: родители/дети, работодатель/работник, начальник/подчиненный и т. д. Но в том-то и суть похоти, что это *слишком сильное желание,* желание, доводящее до греха.

Когда, например, чрезмерный контроль одного из супругов разрушает между ними отношения, то речь идет именно о похоти, прикрытой «рациональными» или «библейскими» аргументами. Контролер убежден в необходимости и правильности своего вмешательства. Он свято верит, что им руководят объективные причины, требующие его вовлеченности в ту или иную ситуацию. И поскольку желание контролировать «железно» обосновано доводами, то большинство контролеров *не видят* проблемы в своем давящем поведении.

Свобода выбора

13 К свободе призваны вы, братия, только бы свобода ваша не была поводом к угождению плоти, но любовью служите друг другу. 14 Ибо весь закон в одном слове заключается: люби ближнего твоего, как самого себя (Гал. 5:13–14).

Страх потери контроля напрямую связан с другой «проблемой». Поговорим и о ней. Это своя или чужая свобода выбора. Очевидно, что сама свобода — это неплохо, но вот беда: ею можно пользоваться во зло. Зло ведь существует только потому, что есть *желание и возможность* его творить. Вот чего боится законник, и его можно понять. Злоупотребление — это проблема, и с ней надо бороться, но вот *как* бороться — один из самых важных вопросов нашего обсуждения. Контролер, он же законник, видит спасение *в законе*. Это его палочка-выручалочка, но он жестоко заблуждается.

Бог предоставил Адаму и Еве свободу выбора, объявив им, как не надо поступать и что за это будет. Единственный Эдемский запрет был священным «нельзя», ясно объявляющим волю Божью. Так был дан первый в истории человечества закон. Следует отметить, что закон обязателен для познания реальности, в которой мы родились. Без закона мы не в состоянии делать моральные умозаключения (плохо/хорошо). Без него нельзя осознать какое-либо греховное желание. Оно просто не опознается как греховное.

⁷…Я познал грех не иначе, как через Закон. Ибо я и пожелания не познал бы, если бы Закон не говорил: «Не пожелай». ⁸Но, найдя предлог, грех через заповедь произвел во мне всякое пожелание; ибо без Закона грех мертв (Рим. 7:7–8, Кассиан).

Как верно заметил Клайв Льюис, если бы во Вселенной не было бы ни одной прямой линии и все было бы кривым, то не существовало бы ни концепции «кривое», ни — «прямое». Кривое обозначается как кривое только рядом с прямым. Поэтому нельзя познать грех, не познакомившись с Законом. Без Закона нет греха. «…Без Закона грех мертв».

Итак, добро стало для меня смертью? Отнюдь нет. Но стал ею грех, чтобы был явлен как грех, причиняя мне смерть через добро, чтобы грех через заповедь стал грешным выше всякой меры (Рим. 7:13, Кассиан).

Говоря о свободе выбора, важно отметить, что, объявив первым людям Свою волю, Творец и не думал контролировать процесс ее исполнения. Более того, Он не позаботился о том, чтобы создать дополнительные препятствия, максимально повышающие шансы на повиновение. Да и потом, о каком повиновении может идет речь в условиях, мешающих свободе принятия решений?! Если нет свободы выбора, то не существует и послушания, ибо нет возможности ослушаться. Однако у кого из нас не возникали мысли-недоумения о том, что не следовало ли Господу предусмотрительно усложнить доступ ко греху.

К примеру, можно было повелеть им установить периметр безопасности вокруг злополучного дерева, или построить высокий забор по окружности, или запретить даже прикасаться к запретному плоду. А самым эффективным вариантом была бы физическая невозможность добраться до дерева. Вот где бы пригодился херувим с пламенным мечом (Быт. 3:24)! Заметьте, что ничего подобного сделано не было. Почему? Разве любовь к Адаму и Еве не должна была заставить Господа сделать все для предотвращения катастрофы?! Несомненно, наше понимание любви сильно отличается от Божьего, и поэтому некоторые Его действия могут вызывать вопросы.

Так вот законничество не приемлет свободы выбора, ибо это прямая угроза контролю. Поэтому оно борется с ней путем установления всевозможных ограничений. Контролер любит правила, придумывает их, навязывает другим и следит за соблюдением. Ему нравится оказывать влияние, так как функция *контроля* идет рука об руку с функцией *влияния*. Влияние тоже само по себе не зло. Проблема, как всегда, начинается, когда желание превращается в похоть. Узнать, что это произошло, нетрудно — просто обратите внимание на свою реакцию в ситуациях, где кто-то не поддается вашему влиянию. Если реакция греховная, то вы злоупотребляете влиянием, или, сказать по-другому, ищете своего, а не Божьего, даже если цитируете при этом Писание. О влиянии мы поговорим в отдельной главе, а пока вернемся к теме свободы выбора и его последствиях.

Итак, библейские правила призваны обозначить грех. Обратите внимание, что каждое правило, которые вы когда-либо встречали, — это суть ограничения. Я Бог твой, да не будет у тебя других богов. Вот твое имущество, жена, благословения — не покушайся на чужое. То же самое в мире: по газонам не ходить, курить запрещено, мусор не бросать, после одиннадцати вечера не шуметь, соблюдайте очередность, будьте взаимно вежливы, и т. д. *Ограничение свободы — важный аспект любого правила.* Оно призвано предотвратить злоупотребление свободой.

Правило — это суть пограничный столб, обозначающий границу, за которой свобода выбора начинает причинять зло. К примеру, Бог дал в пищу много чего вкусного. Одна крайность может заключаться в безудержном обжорстве, а другая — в необоснованной аскезе. И то, и другое приносит вред организму. Правила для того и существуют, чтобы предотвратить ущерб, который человек (намеренно или ненамеренно) может нанести себе или другому.

Законник, он же контролер, как уже было сказано, боится самой концепции «свобода выбора», ибо убежден, что дай человеку свободу — он обязательно ею злоупотребит. И такие опасения небезосновательны. Поэтому бывает, что запреты доходят до маразма — до жестких, параноидальных ограничений и даже полного уничтожения свободы. Если законничество — это одна крайность, то распущенность и беззаконие — другая, и именно она *придает контролеру моральную решимость закручивать гайки.* Логика здесь проста как пять копеек: разреши купаться всем — обязательно кто-нибудь утонет. Запрети купаться вообще — не утонет никто. А как насчет разрешения на купание вместе с обучением плаванию? Не-а, слишком рискованно! Непременно найдется какой-нибудь нерадивый пловец, который, уйдя на дно, испортит нам статистику.

«Но позвольте, — возразит здравомыслящий, — а как же учиться плавать?!» — «Как-как… наберите в ванну воду и плавайте сколько угодно», — ответит перестраховщик. В том-то и фокус, что законники сами не умеют плавать в глубокой воде и другим не дают. Суть законнической праведности — плавание в лягушатнике. Вот какой праведностью Павел гордился до покаяния! Она легко позволяет быть «непорочным» (Флп. 3:6). Это непорочность уровня плинтуса, не запрещающая осуждать и ненавидеть. Главное — читать Библию каждый день. В итоге подобная борьба за святость незаметно трансформируется в политику по избеганию неожиданностей.

Бессилие закона

Пока мы не отошли далеко от темы, нужно сразу назвать главную причину любого нарушения закона. Она в оставшихся желаниях, не соответствующих принципам любви к Богу и ближнему. Это плохие, неправильные, губительные, разрушительные похоти, не имеющие права на реализацию. Они противоречат добру и несут пагубу. И самый первый шаг для борьбы с ними — их обнаружение. ***Вот для чего существует закон!*** Больше ни для чего!

…Я познал грех не иначе, как через Закон. Ибо я и пожелания не познал бы, если бы Закон не говорил: «не пожелай» (Рим. 7:7, Кассиан).

…Потому что делами закона не оправдается пред Ним никакая плоть; ибо законом познаётся грех (Рим. 3:20).

Закон очень нужен даже возрожденным, но только для *диагностической цели*. Если бы мы могли легко отличать зло от добра благодаря новой природе, то не нуждались бы так отчаянно в Слове Божьем. Но мы нуждаемся! Ожившее сердце имеет способность впускать истину, укоренять ее и любить. Конечная цель — это новые желания, каждое из которых соответствует воле Божьей, то есть закону (Рим. 13:9–10).

Наша общая проблема заключается в том, что мы много знаем насчет того, как правильно, но гораздо меньше поступаем соответственно. Согласитесь, что понимание добра убежало дальше, чем делание добра. Почему так? Причину я назвал выше — *злые желания* (Гал. 5:17). К примеру, все *знают*, что сплетничать и осуждать — это грех. Но случается очередная ситуация, и вы ловите себя на том, что сплетничаете или осуждаете. Вы знали, что это зло, уже каялись в этих и других повторяющихся грехах, но они продолжают вас претыкать. А мужчины *знают*, что нельзя смотреть на женщину с вожделением, но это знание само по себе не освобождает. Попробуй только не пободрствовать, и грязные мысли тут как тут. Увы, в нас остаются желания плоти:

…ибо плоть желает противного духу, а дух — противного плоти: они друг другу противятся, чтобы делать не то, что вы хотели бы (Гал. 5:17).

Духовная борьба особенно красочно описана Павлом в 7-й главе к Римлянам. Закон духовен, чист, благ, и он объяснил мне, как жить правильно. Но есть проблема: я живу во плоти, которая продана греху, то есть не искуплена (Рим. 7:14; 8:23). Вместе с плотью во мне остались желания, не собирающиеся соответствовать новой духовной природе. Закон многие из них опознал — да, но не поможет их уничтожить. Здесь он бессилен! Позвольте наглядно проиллюстрировать разницу между «знаю добро» и «люблю добро».

Внешние и внутренние ограничители

Почти все автомобили могут разгоняться гораздо выше разрешенной скорости. На хорошей трассе подальше от города может возникнуть искушение поддать газку. Как правило, ни автомобиль, ни качество дорожного покрытия этому не препятствуют. Все ограничители по своему характеру делятся на внутренние и внешние. Ухабистая дорога или машина-развалюха были бы внешними препятствиями, не позволяющими разогнаться. В таком случае свобода выбора не может реализоваться. Когда же внешние преграды убраны, то подчинение закону определяют уже некие внутренние факторы.

Соблюдение скоростного режима может иметь разные *мотивы.* Первый и основной, как показывает опыт, это страхи: страх наказания (ГИБДД), страх разбиться, страх быть осужденным другими христианами. Другой мотив — некое *моральное убеждение,* не позволяющее нарушить правило даже тогда, когда бояться нечего. Однако моральные установки могут иметь два противоположных источника: плоть и дух. По плоти можно стремиться к нравственности, правда, это уже будет называться самоправедность, неизбежно ведущая к осуждению ближних. Никогда не забывайте про самодовольного фарисея, достигшего определенных высот в исполнении закона. Он был очень старательный, но для гнусной цели — *самовозвышения* (Лук. 18:9, 14).

С раннего детства мы начинаем соприкасаться с миром ограничений. «Нельзя!» — одна из первых концепций, выучиваемых ребенком. И любой родитель знает, с каким упорством маленькие грешники сопротивляются навязыванию им чего-либо противоречащего их естественным «хотелкам». Поэтому «нельзя», пожалуй, — самое часто употребляемое слово в лексиконе пап и мам. Такое ощущение, что дети хотят всё, что способно причинить вред им и окружающим. Их действия — суть разрушение и саморазрушение. С возрастом мало что меняется. Просто, во-первых, желания становятся более изысканными, но не менее вредоносными. Во-вторых, мы умнеем и соглашаемся с практической пользой и личной выгодой многих правил, принимаемых обществом для поддержания порядка и безопасности.

Внешние ограничители — это всегда первый этап воспитания. Сызмальства нас приучают говорить «нет» тому, к чему влекут желания, и мы приобретаем навык ставить родительское «нельзя» выше своего «хочу». Пока мы были совсем маленькими, запреты просто озвучивались. Позднее они стали сопровождаться объяснениями, которые нас, кстати, не удовлетворяли. Даже после того, как нам подробно растолковали, почему нельзя то, что нельзя, это никак автоматически не влияет на природу насильно посаженной на цепь похоти. Она может продолжать рваться на волю, как чокнутый пес Буран в моем далеком детстве. В ту же самую секунду, когда с него снимали ошейник, он включал пятую скорость и уносился в неизвестном направлении, с обязательным условием — подальше от хозяина. Поиски могли длиться до нескольких суток. Кстати, именно такое его поведение обеспечивало ему заключение под стражу на протяжении большей части его собачьей жизни. Будь поумней (а это была настоящая проблема), то он догадался бы, как пользоваться свободой не во вред себе. Но Буран как будто специально опровергал все общеизвестно-присущие собакам положительные свойства, включая интеллект, стремясь, видимо, к одному: целиком и полностью оправдать свою кличку. Но пес с ним!

Вернемся к идее ставить родительское «нельзя» выше своего «хочу». Согласитесь, что это очень полезная практика. Однако цель любого воспитания не просто окружить запретами, *а передать свои ценности*. Другими словами, если внешний ограничитель не превратится во внутренний, то бунт скрытый или открытый — это вопрос времени. Но когда исполнение заповедей, спущенных свыше, становится внутренней потребностью, то мы перестаем нуждаться во внешних ограничителях (в законе), естественным образом принося добрые плоды.

²²Плод же духа: любовь, радость, мир, долготерпение, благость, милосердие, вера, ²³кротость, воздержание. На таковых нет закона (Гал. 5:22–23).

Но ныне, когда вы освободились от греха и стали рабами Богу, плод ваш есть святость, а конец — жизнь вечная (Рим. 6:22).

Так и вы, братия мои, умерли для закона телом Христовым, чтобы принадлежать другому, Воскресшему из мертвых, да приносим плод Богу (Рим. 7:4).

Новая природа не гарантирует победу, но она гарантирует войну. Сам факт борьбы с плотью свидетельствует о том, что мы духовно живы. Поэтому мы стараемся сопротивляться, хоть и не всегда ощущаем естественную радость от послушания Господу. Но по-другому просто невозможно, ведь мы носители старой природы со старыми желаниями. Принципиальная отличительная особенность согрешающего христианина в том, что после покаяния он развернулся и движется в направлении святости. *Его грехи — это хоть и падения, но на верном пути, на пути к Богу.*

К примеру, когда делают зло, то приходится сдерживать ответное зло, но именно сдерживать. Внутри всё клокочет, сердце переполняет гнев, хочется воздать, но христианин борется с собой, пытаясь подражать Христу. Это прекрасно, правильно и обязательно! Почему он борется? Потому что у него уже есть: 1) несовершенное, но понимание того, что угодно Господу, 2) несовершенное, но желание Ему угождать.

Повторимся, что закон помогает в достижении первой задачи (понимание), но бессилен для второй (желание). Обнаруживая каждое несоответствие себе, он тут же выносит приговор, фактически оказывая медвежью услугу уповающим на него.

²¹ Итак закон противен обетованиям Божиим? Никак! Ибо если бы дан был закон, могущий животворить, то подлинно праведность была бы от закона; ²² но Писание всех заключило под грехом, дабы обетование верующим дано было по вере в Иисуса Христа (Гал. 3:21–22).

Если вслед за пониманием «как правильно» не придет желание так поступать ради Господа, то процесс освящения не двинется с места. Поэтому Дух Святой производит желания к добру (Флп. 2:13). Это нередко длительный процесс тесного молитвенного взаимодействия с Господом, суть которого — возрастание в любви к Богу и ближнему.

При этом важно заметить, что страх наказания как сдерживающий фактор — это лучше, чем ничего. Он действительно может, с горем пополам, хранить от нарушения некоторых внешних ограничений. Однако у него есть минимум пара недостатков. Во-первых, он не решает проблему тяги к запрещенному. Во-вторых, он перестает сдерживать, когда появляется «гарантия» избежать наказания. Поэтому можно сказать, что страх наказания — это *внутренний*, обусловленный, ущербный, временный ограничитель. Он подобен донорскому, инородному, не приживающемуся органу, то есть вроде бы служит кое-как, но постоянно стремится к отторжению. Он как протез: ходить можно, но не побежишь и далеко не уйдешь. Точно так же послушание, движимое страхами, — это не то, что предусмотрено мудрым Дизайнером, не наше, не родное.

Подведем итог в контексте правил дорожного движения. Любое непреодолимое препятствие (качество дороги, состояние машины) на пути к желанному превышению скорости будет сугубо внешним ограничителем. Все виды страхов, удерживающих от неповиновения, будут внутренними, но условными, временными ограничителями, не меняющими природу желаний. И только *новое желание*, соответствующее запрету или повелению, будет универсальным, безусловным, постоянным ограничителем, обеспечивающим послушание независимо от обстоятельств и любых других факторов.

В этом месте вы уже должны были воскликнуть: «Ну, и как же сделать так, чтобы все плохие желания были заменены на хорошие?» Я сомневаюсь, что существует четкий алгоритм, следуя которому можно достигнуть этой цели. Писание утверждает, что при жизни это невозможно (Рим. 7:25, Иак. 3:2; 1 Иоан. 1:8). Наша *надежда* во Христе, а не в успешном послушании. Поэтому и существует благодать, компенсирующая все издержки процесса освящения. Она нисколько не расхолаживает Божьих детей, но взращивает в благочестии (Тит. 2:11–12).

Насколько я могу судить о логике Божьей освящающей стратегии, кажется, что Он ведет нас к *добровольному и радостному послушанию*. Все заповеди суть благо, жизнь, свет, гармония, защищающие от нанесения вреда себе и другим (Рим. 13:8–10). Гарантия постоянного, а не ситуативного, временного и показного благочестия — любовь к Божьему Закону. Обратная сторона такой любви — это ненависть ко греху. Сформировать ее можно только у того, кто понимает саму природу зла и его омерзительные последствия.

Как познать красоту Божьего закона без уродства греха? На мой взгляд, никак. И тут мы очередной раз возвращаемся к известной богословско-философской закономерности, управляющей процессом познания, а именно: *все познается в сравнении* (Рим. 7:7–8). Поговорим о познании добра и зла.

Как закон, ослабленный плотию, был бессилен,
то Бог послал Сына Своего в подобии плоти
греховной в жертву за грех и осудил грех
во плоти...

—— Римлянам 8:3 ——

Глава 7

Познание добра и зла

Вы когда-нибудь размышляли о цели единственного правила-ограничения, данного нашим прародителям в Эдеме (Быт. 2:16–17)? Это ведь было обычное фруктовое дерево со съедобными и вкусными плодами (хорошо для пищи, приятно для глаз). Не было в них ничего плохого и опасного для жизни, ибо всё, что сотворил Бог, подпадало под определение «хорошо весьма».

Отвечая на поставленный выше вопрос, мы можем только предполагать. Стандартный ответ звучит так: Господь хотел, чтобы послушание людей было добровольным, и поэтому им надо было дать свободу выбора. И с такой версией я полностью согласен. Однако подозреваю, что всё немного сложнее, и предлагаю чуть глубже поразмышлять о смысле тех печальных событий.

Неповиновению предшествовало выполнение минимум двух условий. Во-первых, нужен был какой-нибудь закон. И он был дан, став фактически закрытой, но уже дверью к своеволию, «…ибо без закона грех мертв». Так Господь создал первую предпосылку к грехопадению. Оставалось дело «за малым» — за желанием. Его коварно спровоцировал враг душ человеческих, пообещав божественное величие. «Но, найдя предлог, грех через заповедь произвел во мне всякое пожелание…» (Рим. 7:8, Кассиан).

Вас никогда не удивляло, что Ева так быстро поддалась на дьявольскую уловку? Такое ощущение, что сопротивления практически не было. Ничего удивительного тут нет. Слабым звеном первых людей было отсутствие ненависти к злу. Для того, чтобы не делать зло, нужно *ненавидеть зло* (Пс. 118:104). А как, интересно, они могли его ненавидеть, если они, во-первых, не знали, что это такое, а, во-вторых, не понимали, почему его надо бояться? Более того, чтобы не делать зло, нужно любить добро. А как, интересно, они должны были его любить, если они, опять-таки, не знали, что это такое, и не понимали, что в нем хорошего? Ведь все познается в сравнении.

Обратите внимание, что дерево не называлось деревом познания только зла. Мол, съел плод, сделал зло и, соответственно, его тут же узнал. Нет, через нарушение запрета познавалось и добро, и зло. Оно так называлось именно потому, что *добро может быть идентифицировано как добро лишь в сравнении со злом*. То есть с первых секунд своей жизни, находясь в окружении сплошного блага, испытывая его на себе, ни Адам, ни Ева не могли его опознать. Добро становится таковым только на фоне зла. Они *не знали* ни того, ни другого. Нельзя полюбить добро, не познав его красоту и важность. Чтобы познать красоту и важность добра, нужно хоть отдаленно понимать губительную сущность зла. А как ее понять, не имея возможности увидеть, тем более испытать хоть малейшие проявления зла?! Их окружало совершенство.

Предположу, что, согласно данному закону (все познается в сравнении), наши прародители толком не могли испугаться обещанной им смерти в случае неповиновения. Они ведь не знали, что это такое, не обладая и близко похожим опытом. Даже на дохлого суслика или стрекозу не могли они набрести где-нибудь в Саду, ибо смерти не было. Как постигнуть концепцию «опасность», живя в абсолютно безопасной среде?!

Радость — Ценность — Уязвимость

Как радоваться добру, если оно не стало ценным? Как ценить добро, пока его не потеряешь? Поразмыслите об этом. Каждый из вас болел хоть раз, например, гриппом, при котором нет аппетита, ломит все тело, высоченная еле сбиваемая температура, дико болит голова и думать ни о чем не получается кроме своих страданий. Однако потом вы идете на поправку и как будто обновляетесь: краски становятся ярче, еда вкуснее, ощущения сильнее, и здоровье, которое раньше не замечалось, вдруг превращается в очень *ценный* дар. В такие минуты даже не нужны какие-то удовольствия. Сам факт того, что ничего не болит, является удовольствием. Жизнь становится блаженством!

Увы, только боль помогает понять, как хорошо без боли. Объективно здоровье и раньше было добром, но субъективно мы не могли этого заметить, потому что не знали никакого другого состояния (болезни). Другими словами, не с чем было сравнить. Когда ушло здоровье, а на смену ему пришли страдания, мы сразу ощутили важность утраченного. Поэтому я не знаю, как осознать ценность блага, не вкусив жизни без него. Ценность добра формируется только в присутствии зла и усиливается уязвимостью первого. К сожалению, любое благословение принимается как должное и не опознается как благословение, пока не появится его антипод.

Свет ничего особенного из себя не представляет, если вы никогда не оказывались в кромешной тьме. Красота не имеет значения, если нет уродства. Когда все красивы, все вокруг красивое и не может быть иначе, то нет даже понятия «красота». Если оно и есть, то только в сравнительной степени (красиво, еще красивее). В таком случае она не может по-настоящему цениться. Драгоценный металл перестает быть драгоценным, если все металлы драгоценные. Особенный он потому, что рядом полно обычных и никому не нужных железяк. А кого заинтересуют алмазы и изумруды, если только они и будут валяться на дороге, как щебенка?! Сытость не имеет значения, если чувство голода не знакомо. Благоухание не вызовет восторг, если вы не знакомы со зловонием.

Все мы знаем высказывание, что вода — это жизнь, испытывали жажду и отдаленно знаем природу этого мучения. Но разве можно действительно *прочувствовать,* насколько организм нуждается в воде, если мы в прямом смысле не умирали от жажды?! Только оказавшись без доступа к воде на длительное время, мы всем своим существом, каждой клеткой познаём, что вода — это жизнь. По мере того, как жизнь будет *выходить* из нас вместе с остатками влаги, в нас будет *входить* осознание бесконечной важности воды. Сходя с ума от страданий обезвоживания, мы позна́ем истинную ценность воды и уже никогда не будем принимать ее как должное. Она будет радовать нас просто своим существованием.

Как можно бояться ожога, если вы никогда не обжигались?! Каждый из моих детей когда-то вел себя беспечно рядом с огнем или кипятком, не имея никакой возможности *понять,* почему это опасно. Одних моих многочисленных «нельзя» было недостаточно, чтобы внушить им *страх* перед этой угрозой. И только опыт ожога моментально и эффективно вбил в их головы то, что я не мог объяснить словами.

Как можно ценить сладкое, если ваши рецепторы не знают, что такое горечь или кислятина?! Как прекрасны, блаженны, восхитительны мир и безопасность, когда известен ужас войны хотя бы по рассказам! Аналогично, *созидающую силу любви* можно познать, познавая *разрушительную силу ненависти*. Миловать некого, если никто не осужден. Прощать не нужно, если нет греха. Зачем терпеть, если не треплют нервы. Смирение не может проявиться без гордыни. Любовь не восхищает, если ты ее заслуживаешь. Свобода не вызовет восторга, если ты не знаешь, что такое клетка.

Помню, как, вернувшись из армии, я часто выходил из дома и просто шел куда глаза глядят, наслаждаясь правом идти туда, куда *хочу*. Я гулял, блаженно улыбаясь, ощущая искреннее счастье, *счастье свободы*. Я почти всю жизнь был свободен, но не знал, что без нее так плохо. А какая это благодать — проснуться самому в тишине и не торопясь начинать свой день. Другое дело, когда тебя резко вырывают из объятий сладкого, вечно не хватающего сна матом, ором и разными интересными, запоминающимися словами, самое вежливое из которых «ублюдок».

Без возможности сравнения все добродетели и благословения принимаются как должное и не могут быть *познаны до глубины их восхитительной сущности*. В отсутствие их противоположностей я понятия не имею, как наделить их бесконечной ценностью. Да, они остаются великолепными «дано», но без какого-либо понимания их великолепия.

Таким же образом *крайнюю необходимость* праведности можно узреть только перед лицом болезненных последствий греховности. Наглядная демонстрация разрушительной силы греха, его уродства, низости, смертоносности помогает взрастить в нас ненависть к нему и любовь к святости. Ужаленный злом знает, как это больно.

Праведность — это не просто набор правильных правил, которым надо следовать. Это глубокое, пережитое, впитанное, как драгоценные капли дождя в пустыне, понимание жизненной необходимости каждого божественного запрета или повеления.

⁴⁶...Тогда сказал им: положите на сердце ваше все слова, которые я объявил вам сегодня, и завещевайте их детям своим, чтобы они старались исполнять все слова закона сего; ⁴⁷ибо это не пустое для вас, но это жизнь ваша... (Втор. 32:46–47)

Крепко держись наставления, не оставляй, храни его, потому что оно — жизнь твоя (Прит. 4:13).

²⁰Сын мой! Словам моим внимай, и к речам моим приклони ухо твое; ²¹да не отходят они от глаз твоих; храни их внутри сердца твоего: ²²потому что они жизнь для того, кто нашел их, и здравие для всего тела его. ²³Больше всего хранимого храни сердце твое, потому что из него источники жизни (Прит. 4:20–23).

Возможно, что у некоторых напрашиваются пугающие выводы, исходящие из сказанного выше. Было ли зло и грехопадение в Божьем плане с самого начала? Я убежден, что у Создателя ничего не выходит из-под контроля (Пл. Иер. 3:37–38; 1 Пет. 1:20). Злая воля братьев Иосифа, их грех, злоба и зависть отправили его в Египет (Быт. 37:26–28). При этом оказалось, что Божья суверенная воля специально послала его туда. Утешая их, он так и говорит: «...но теперь не печальтесь и не жалейте о том, что вы продали меня сюда, потому что *Бог послал меня* перед вами для сохранения вашей жизни...» (Быт. 45:5). «*Итак не вы послали меня сюда, но Бог, Который и поставил меня отцом фараону, и господином во* всем доме его, и владыкою во всей земле Египетской» (Быт. 45:8). Если мы верим во всевластного Бога, то должны понимать, что даже свобода выбора и то, как ею пользуются, является частью Его изначального замысла.

Поэтому самым сложным будет следующий вопрос, который мучает лично меня: если «Бог есть Свет, и нет в Нем никакой тьмы», то как появилась тьма? Свобода выбора — самое простое объяснение. Проблема, однако, в том, что все предпосылки создания закладываются Создателем. Что изначально было не так с третьей частью ангелов, поддержавших Люцифера? Какой системный фактор определил падение именно такого количества? Далее, Бог предоставил сатане доступ к людям, а мог сразу загнать этого кровожадного убийцу в преисподнюю до Судного дня. Этот шаг привел к падению людей. Опять-таки, очень похоже на продуманный план, который в таком виде, как я подаю, вызывает у любого нормального человека недоумение. Уверен, что всё гораздо сложнее.

Мне многое непонятно, и поэтому существует *вера,* которой я хожу во тьме Божьей непостижимости. Верой решаю трудные вопросы бытия, верой провозглашаю безупречность Господа. Я мало что понимаю в обозначенных вопросах, но, видимо, наделенные сознанием существа нуждались в познании добра и зла. Для чего? Может быть, для того, чтобы в горниле страданий от зла всем сердцем возлюбить добро и своего Творца. Пугает, однако, чудовищная стоимость таких уроков, начиная с жертвы Сына Божия.

Куда бы мы ни посмотрели, на всем лежит печать греха и последствия злой воли. Весь мир — кричащее доказательство того, как разрушительно богоотступничество. Жизнь человека от рождения и до смерти — наглядная демонстрация последствий духовной смерти, о которой предупредили первых людей.

Возможно, нам нужно было позволить обжечься грехом, чтобы страшная боль этого ожога на веки вечные вбила в нас благоговение перед доброй волей Господа. Драгоценный опыт своих и чужих страданий, жуть геенны огненной навсегда утвердят нас в восхитительной благости Иисуса. Задыхаясь от зловония греха и его последствий, мы учимся всем сердцем ценить и любить благоухание закона любви, без которого остается одно — уничтожающая все ненависть. *Зло должно быть разоблачено до самого дна своей уродливой сущности, чтобы больше никогда не иметь никакой искусительной силы.* Искреннее, глубокое, сильное, праведное отвращение к злу и искренняя, глубокая, сильная, самозабвенная любовь к Богу — вероятная цель урока истории Земли, для которого свобода выбора была обязательна.

Путаница в понимании добра и зла

Итак, одна-единственная заповедь стала дверью ко грехопадению всего человечества. Так начался процесс познания добра и зла, и он продолжается до сих пор в каждом поколении. Он сопряжен с трудностями, о которых поговорим далее. В двух словах, главная сложность заключается в том, что зло нередко маскируется под добро, а добро, бывает, выглядит, как зло. И, к великому сожалению, путаница эта свойственна христианам тоже. Попробуем разобраться.

Мы уже выяснили, что закон был дан как зеркало, весы, линейка. Его задача — сообщить наш рост и вес в Божьих величинах. Однако законом злоупотребляют с тех пор, пытаясь использовать его и как средство, очищающее грех, и как разрешение на «справедливое» возмездие, и как свод правил, навязываемых для достижения контроля, и т. п. Закон —

добрая вещь, но часто используется не на добро. Законничество, о котором мы начали говорить в прошлой главе, — самая популярная форма злоупотребления.

Поскольку закон благ, чист и свят, на законничестве есть *тень доброты,* но не более. Если он не попал в сердце, не распотрошил нутро ветхого человека, но при этом был взят на вооружение, то тогда речь идет о достижении чего-то плотского. При этом постулируется борьба с грехом, защита истины, церкви и прочие «благородные» причины. В таком случае само понятие «грех» — это нечто явное, ярко выраженное, поверхностное, поведенческое, как воровство.

Это подобно ситуации, когда какой-нибудь африканский диктатор, держащий в страхе всю страну, навел порядок в городах, освободив их от уличной шпаны. Зачистив территорию от мелочи, он сам и его окружение при этом остаются главными бандитами и нарушителями закона. Естественно, сам себя он ощущает благодетелем и спасителем, достойным любви и уважения народа.

Вот ровно то же самое происходит, когда закон не приговорил кого-то на уровне сердца и не распластал перед Господом. Тогда он становится «благочестивым» *орудием,* средством достижения чего-то своего. В этом случае отделение добра от зла происходит условно и лицемерно, как у того диктатора. Он гневно осудит карманного вора, разворовывая при этом государственный бюджет. Он накажет грабителя, напавшего на прохожего, отжимая в это время чей-то многомиллионный бизнес. Он одобрит наказание убийце, сам физически устраняя своих конкурентов.

Подобные злоупотребления законом Божьим будут происходить до тех пор, пока мы не поймем, что его главная задача — разграничивать добро и зло, в первую очередь, *в нашем сердце,* а не где-то там в падшем мире. Мне следует позволить ему сказать всю правду о том, кто я есть и где мое место. Но это больно и унизительно, особенно для тех, *кто самоутверждается через исполнение закона*.

Закон добр, но вот беда: во мне остается много зла (Иак. 3:2). Мы разные по природе: он духовен, а я плотян (телесен) (Рим. 7:12–14). Разность эта естественным образом гарантирует нам очень болезненное взаимодействие. Он будет делать мне больно, будет жечь, но не потому, что хочет причинить боль, а потому, что он — святость, а я — носитель греха. Закон — это огонь, с которым нельзя на ты. Это пылающая гора, сотрясающаяся и дымящаяся. Нельзя быть другом закону, как нельзя жить в трансформаторной будке в десять тысяч вольт. Пламя закона сожжет все, что горит. Говоря иначе, какая может быть дружба между иммунитетом и вирусом?! Поэтому у закона есть одно главное послание человеку: ты заслужил смерть!

Напомню, что каждый день мы виновны в нарушении *всего закона* (Иак. 2:10; Гал. 3:10). **Всего!** Проклятие за его невыполнение не висит над нами только благодаря благодати. Она, а не наши убогие старания, освободила от власти закона-убийцы. Вы не задобрите его постоянством в чтении Библии и в других духовных дисциплинах. Это не котенок, а грозный лев, которому не нужны ваши подачки, и подходить к нему опасно для жизни. Я бы сказал, что попытки обращаться со львом как с котенком смешны, но они скорее оскорбительны. Нужно реально не понимать, с кем ты имеешь дело, чтобы так уверенно приходить к Богу на основании своих дел.

Небесный стандарт неизменен: безупречность и ничего другого! Тот, кто не боится подходить ко льву, просто его не видит. Как можно возомнить себя более или менее исполняющим закон?! Ка-а-ак?! Нужно либо быть искренне слепым, как тот богатый юноша, либо самонадеянным и не менее слепым, как фарисей, напрочь упустивший суть закона (Лук. 18:21; Лук. 18:10–14). Закон не поставил им смертельный диагноз, и поэтому во враче не было нужды. *Чтобы закон оказывал благое действие, нужно, чтобы он сначала сделал больно.* Это боль несоответствия его запредельным критериям, боль, заставляющая взывать к доктору — благодати. И вроде бы возрожденные люди, обладающие духовным зрением, должны более или менее осознавать недостижимость и невыполнимость закона любви, но и они нередко самонадеянны, отказываясь заглянуть в свое сердце и другим не позволяя.

Друзья, у нас у всех явные проблемы с разграничением добра и зла. Вы должны перестать абсолютно доверять себе и в этом вопросе тоже. Просто вспомните какую-нибудь ситуацию, где вы не разглядели зло, протянули руки, взяли и пострадали. Также вспомните, когда вы не распознали добро, не взяли, а потом сильно-сильно пожалели. Уверен, вы знаете, о чем я говорю.

Несовершенное мышление

В принципе, я уже упомянул эту проблему в первой главе. Мы не можем безошибочно отделять добро от зла в силу того, что родились во грехе, а также из-за того, что после возрождения сохраняем немалый греховный потенциал (Иак. 3:2). Когда-то ум был полностью плотским:

> *⁵ Ибо живущие по плоти о плотском помышляют… ⁶ Помышления плотские суть смерть… ⁷ потому что плотские помышления суть вражда против Бога; ибо закону Божию не покоряются, да и не могут (Рим. 8:5–7).*

Только вдумайтесь, что до обращения ко Христу образ мышления приравнивается к смерти (ст. 6). Плотское мышление *полностью оторвано* от Создателя, автономно и функционирует на основании другого закона, не Божьего (Рим. 7:23). Оно порождено главной ценностью сердца — самим собой. Раздутое до размеров вселенной «Я» производило мысли, которые, как суетливые пчелы, крутились только вокруг своего сокровища. И даже если они улетали куда-то далеко, то только для того, чтобы вернуться хоть с капелькой того, что обогатит меня, любимого. Там и речи быть не могло об угождении Господу, ведь *каждая мысль* противоречила Божьей морали, выраженной в двух главных заповедях (Матф. 22:37–40; Рим. 13:9–10).

Осознайте вот что: мы враждовали с Богом, даже не думая о Нем, не воюя с Ним в открытую (Рим. 8:7). Сам наш образ мышления и мировоззрение естественным образом воевали с Ним и были противоположностью жизни, где главное сокровище — это Иисус, а следующее за Ним — мой ближний. Точкой отчета в том мышлении было «Я» и мое благо.

Обращение к Богу запустило процесс обновления ума, который не достигнет совершенства в этой жизни (Кол. 3:10; Еф. 4:23). Поэтому мы часто мыслим эгоистично, *даже не догадываясь об этом*, грешим, не сходя с места, не пошевелив языком или пальцем. Привычный, давно доведенный до автоматизма образ мышления течет своим чередом. Мы осмысливаем какой-либо факт или ситуацию, думаем, разговариваем (без плохих слов или проклятий) и при этом грешим. Совесть настроена на очевидное зло в мыслях или речи, поэтому мы фиксируем грех только по мере обновления ума, обнажающего нравственные изъяны.

Почему я об этом упоминаю? Многим христианам сложно признать тот факт, что вот такого *естественного и невидимого* зла в нас хоть отбавляй. Мы не в состоянии отслеживать все отклонения от нормы (принципов любви). Разум, ответственный за определение ошибок, в некоторых случаях не может обнаружить очередное несоответствие Божьему закону, потому что сам поврежден грехом и нуждается в обновлении. Как следствие, *совесть просто не срабатывает,* чтобы сообщить о чем-то неугодном Богу. Она и не может, ибо для этого нужно познать Божьи стандарты в совершенстве, а мы только в процессе. Это как потребовать, чтобы пятиклассник решил задачку десятого класса. Вот почему ваши обличения так искренне отвергаются. Вот почему вы сами не менее искренне возмущены, когда в ваш адрес летит такая «возмутительная клевета».

Несовершенная совесть

Вторая сложность в понимании добра и зла — это несовершенная совесть (1 Кор. 4:1–5). Напомню, что совесть — это настраиваемый «прибор». В качестве настроек в нем выступают убеждения, касающиеся понимания добра и зла (Рим. 2:14–15). Все убеждения приобретаются в течение жизни. Важно понимать, что совесть не может определять, соответствует ли какое-либо убеждение или желание Божьему закону. Это задача для разума. Совесть призвана просто реагировать чувством вины, когда нарушаются законы, и производить мир, когда они соблюдаются. Если разум дал сбой и не обнаружил нечто неугодное Богу, то совесть будет молчать, в то время как мы совершаем зло. Отсюда и слепота к своей неправоте. В таком случае внешнее обличение обречено на провал. Если истина не выровняет кривизны ума, то последний не поставит в совесть правильные убеждения, а та, в свою очередь, не подаст голоса вины.

На самом деле постепенно прозревающая совесть — это милость Божья. Если бы она распознавала каждую греховную мысль, то била бы в колокола круглосуточно и без остановки, что просто сводило бы с ума. Поэтому принципы любви (закон Божий) входят в нас постепенно и с трудом. Мы учимся мыслить *иначе* обо всем, что нас окружает, начиная с Бога. Что-то дается более или менее легко, но многое идет со скрипом, тяжело, спотыкаясь о *ветхие убеждения*, которые, как шпионы и диверсанты, остались в тылу после отхода основных войск врага. Они ведут подрывную партизанскую деятельность, пуская под откосы поезда служений, взрывая мосты отношений, сжигая склады благословений, нанося серьезнейший урон жизни христианина.

Почему же эти убеждения так сложно обнаруживаются? Почему добро и зло порой так сложно разграничить, не перепутав их местами? Почему свет истины не разоблачает немедленно всех врагов при чтении Слова или слушании проповедей? Вот такое у нас возрожденное сердце! Это антропологическая реальность, которую некоторые яростно отрицают. Уверен, что вы не понаслышке знаете, в каком чудовищном самообмане десятилетиями могут жить христиане, включая вас самих.

При этом Писание, конечно, ликвидировало бо́льшую часть старого мировоззрения. Но это были явные враги, по внешнему виду которых сразу можно было понять, что это иностранные захватчики. Всевозможные отвратительные зависимости, сквернословие, неверность, насилие, гнев, клевета и прочие махровые грехи были обнаружены и изгнаны (хотя изгнание не следует автоматически за обнаружением). Но немало врагов (ветхих принципов и желаний) одето в форму наших войск и хорошо говорят по-русски. Они незаметно влились в новую жизнь верующего, не привлекая к себе внимания, ибо внешне похожи на друзей. При встрече они приветливо улыбаются и поют патриотические песни. Но они *обнаруживают себя через свои дела, несущие разрушение и пагубу*. Это главный признак, обязывающий начать искать подозреваемых в той или иной сфере. Конфликты, ссоры, огорчения, разделения, всевозможные горькие последствия их деятельности подобны перехвату радиограммы из какого-то сектора. Генштабу лучше заинтересоваться этим районом. Да, вы можете направить туда огонь авиации и артиллерии, и банда понесет потери. Но многие уйдут в глубокие норы доводов, которые защитят совесть от прямого воздействия истины.

Несовершенное сердце

Помыслы в сердце человека — глубокие воды, но человек разумный вычерпывает их (Прит. 20:5).

Как показывает опыт, такие помыслы эффективнее зачищать спецназом — точечным воздействием Слова: индивидуальной пасторской заботой, душепопечением, наставничеством, через личное взаимодействие, во время которого истина с учетом контекста будет доставляться прямо в сердце. Но сначала служитель или духовный член церкви должен проследовать вглубь норы, где подальше от света затаились ветхие сокровища. И вот тогда необходимо задавать вопросы к сердцу.

Вопросы к сердцу помогают (не гарантируют) *выявить зло, нагло притворяющееся добром*. Разве вы такого никогда не видели? Разве я выдумываю? Работа с сердцем обнаруживает причинно-следственную связь между действиями, словами, реакциями с одной стороны и принципами, доводами, желаниями с другой. Правильно заданный вопрос помогает сформулировать принцип, которым человек руководствуется в той или иной ситуации. Принцип на самом деле *плотской,* но это не всегда очевидно. Вопрос, как ковш, зачерпывает помысел из глубин сердца и выносит его на поверхность. Тогда в свете Писания можно рассмотреть каждое убеждение (что я считаю правильным), желание (что я на самом деле хочу) и мотив (ради кого я стараюсь). Грамотные вопросы помогают ухватить гадюку лжи за хвост, чтобы вытащить ее из норы сердца и разбить ей голову молотом истины.

«Зачем ты здесь, Илия?» — дважды вопросил Господь к сердцу напуганного пророка (3 Цар. 19:9, 13). Давая ответ, тот должен быть понять, что им двигало. Он неадекватно оценивал реальность, не зная об этом (3 Цар. 19:10, 14). Страхи, раздутые неправильным мышлением, увели его туда, куда Всемогущий не посылал[14].

Не освобожденный полностью от лжи ум работает на противника, реализуя его задачи. Это те самые ситуации, где мы ищем своего, часто даже об этом не догадываясь. Нам кажется, что мы защищаем истину, справедливость, церковь, интересы Господа или ближних, но в реальности боремся за себя и ведомы плотью.

Как долго вы будете настаивать на правильности тех или иных решений, игнорируя закон сева и жатвы?! О да, это же так просто — провозгласить свои страдания платой за верность истине. Однако если Библия не открывает вам глаза на собственные ошибки, то пусть хотя бы это сделает факт разрушенных отношений и всевозможные горькие последствия. Как печально, что убежденность в своей правоте может завести христианина слишком далеко, порой минуя точку невозврата.

---

[14] В проповеди «Духовный кризис» на своем YouTube-канале, я подробно говорю на эту тему.

«Так правильно!»

³⁶ Но через несколько дней сказал Варнаве Павел: вернемся, посетим братьев в каждом городе, где мы возвестили слово Господне: как они живут? ³⁷ Варнава же хотел взять с собой и Иоанна, называемого Марком. ³⁸ Но Павел настаивал на том, чтобы того, кто отстал от них в Памфилии и не пошел с ними на дело, этого с собой не брать. ³⁹ Произошло же острое разногласие, так что они расстались друг с другом, и Варнава, взяв Марка, отплыл в Кипр (Деян. 15:36–39, Кассиан).

Сразу оговорюсь, что не ставлю целью доказать, кто из двоих великих служителей оказался прав, а кто нет. В контексте наших размышлений это неважно. Обращаю ваше внимание на сам факт острого разногласия между теми, кого Дух Святой лично отделил для одного и того же служения (Деян. 13:2). Случился яростный спор (еще один альтернативный перевод), где, конечно же, оба были *убеждены* в своей правоте. Каждый раз, когда читаю этот отрывок, я поражаюсь тому факту, что два таких близких с Богом человека не смогли договориться. Христос жил в каждом из них. Они знали Господа и хотели для церкви только *добра*. Однако в данном вопросе их понимание добра было диаметрально противоположным. И, к сожалению, Дух Святой не проговорил к неправой стороне, чтобы явить Свою волю и положить спору конец. Вернее, Он не сделал это таким образом, чтобы не осталось сомнений: в видении, во сне, мощно и очевидно, как это случалось в то время. Когда мы уверены в своей правоте, мы пойдем до конца. Разве нет? Силы и решимость для этого дает чистая совесть. «Так правильно», — верим мы и отстаиваем свою позицию, подобно Павлу и Варнаве.

Задам глупый вопрос: «Что есть стандарт для определения добра и зла?» «Естественно, Писание», — ответит любой здравомыслящий христианин. И вот что примечательно, вроде бы в руках у всех одна и та же Библия, идентичная от первой до последней буквы, но, однако же, как мы спорим, ломаем копья, ругаемся! Совершенно очевидно, что чтение Слова не выпрямляет все кривизны *автоматически,* даже после того, как мы прочтем его от корки до корки несколько раз, не считая зачитанных до дыр любимых отрывков. Опять-таки, что это говорит о состоянии возрожденного сердца? Почему истина входит в него с таким трудом?

Здравый смысл подсказывает, что проблема не объективная (Слово), а субъективная (его толкование). Следующий вопрос тогда будет звучать так: «Почему один и тот же текст может привести к различным богословским позициям?» Кто-то предположит, что причина в отсутствии правильных принципов герменевтики. Но, увы, я приведу вам массу примеров, когда одинаковый герменевтический подход (историко-грамматический) приводит к разным выводам по одному и тому же вопросу. Если два человека исследуют одни и те же тексты, но делают неодинаковые заключения, то, значит, искажение происходит на *субъективном уровне,* о чем легко догадаться.

Тогда очередной вопрос звучит так: «Что мешает разглядеть Божий характер и Его желания (волю), записанные для нас черным по белому?» Конечно же, *наши* желания и характер! Что еще это может быть?! В момент покаяния мы даже близко не похожи на чистый лист, на котором Дух Святой будет изображать Христа. Там столько всего нужно сначала стереть, на что порой уходит бо́льшая часть жизни. К сожалению, нередко процесс освящения — это фактически разрушение старых твердынь. До строительства может толком и не дойти благодаря гордыне, упрямству и борьбе с Богом.

Это одна из главных причин, почему процесс освящения так медленно двигается. Ветхие желания, ценности, особенности характера являются крепостями, препятствующими истине Слова пробиться к сердцу.

Оговорюсь, что, конечно же, для Слова не проблема проникнуть в любое сердце, в любое время (Евр. 4:12). Я не ставлю под сомнение его пробивную способность, но вы сами лично и многократно были свидетелями греховного упрямства христиан. Одному Господу известно, почему истина не пробивает чью-то броню порой десятилетиями, а порой никогда. Да, мы умеем эффективно и долго сопротивляться освящению!

Итак, если какое-то очевидное добро отвергается нами и перетолковывается, то только потому, что оно противоречит какому-то злому и очень сильному желанию, которое мы оберегаем. Оно может осознаваться, а во многих случаях быть практически невидимым, управляя при этом всей жизнью: решениями, суждениями, убеждениями, реакциями, отношениями, мечтами, предпочтениями в общении и т. д. Это очень важный момент для осмысления проблемы путаницы в понимании добра и зла. Мы делаем ближним своим зло, даже не ставя перед собой такой цели, а просто реагируя на ситуацию естественным, привычным образом. И выходит, что мы терпим поражение даже на первом этапе — разграничения добра и зла.

Вот свекровь наблюдает, как сноха «все неправильно делает». Она, конечно же, не желает зла «глупенькой» невестке, например, слишком легко одевающей малыша для прогулки, не очень хорошо готовящей или недостаточно чисто убирающей дом, в котором живет ее любимый сын и драгоценный внучек. Поверьте, она «просто хочет помочь». Поэтому готова тратить время и силы, приезжать через день, чтобы научить молодуху делать все «правильно». Ничего, что та об этом совсем не просит, но, напротив, молится всем богам, чтобы как можно реже ощущать на себе подобную заботу. Это не важно! Откуда ей, несмышленой, знать, что для нее лучше?!

Попробуйте хотя бы намекнуть, что бабушка поступает не по любви, и вы жестоко ее обидите. Каков же итог ее усердного попечения? Разрушенные в хлам отношения со снохой. Последняя буквально пребывает на последнем издыхании от «любящего» вмешательства в свою жизнь, борясь с ненавистью к «маме». Отпустить их и позволить совершать свои ошибки?! Нет, что вы, «это будет не по любви»! Перестать давать непрошеные советы?! Нет, это тоже будет не по любви! Спасать отношения и не докучать своим постоянным нравоучительным присутствием?! Нет, это вообще будет не по любви!

По двадцать, тридцать, сорок и пятьдесят лет читать Библию и не понимать, что по любви, а что нет?! Вы серьезно?! Да, серьезно! Это наша с вами общая, повсеместная, неизменная, убийственная, шокирующая, антропологическая христианская реальность. Чтобы поступать по любви, нужно одновременно хорошо понимать, что такое любовь, а также, что ею не является (добро и зло). Лукавство сердца настолько велико, что даже полжизни в церкви может быть недостаточно, чтобы уметь хотя бы отделять одно от другого. Зло может называться добром, а добро называться злом — именно так и никак иначе. Верующие люди, хорошо знающие Писание, могут творить самое настоящее зло, подавая его как благо. И они же могут называть злом то, что несет им и остальным исцеление и свободу.

К примеру, Писание ясно говорит, что существуют служители, проповедующие истину, но движимые недостойными мотивами: завистью, любовью к спорам и тщеславием (Флп. 1:15, 2:3). Такой проповедник *любит* спорить, обратите на это внимание. Это его похоть, оставшаяся в сфере ветхих желаний. Поскольку он любит это занятие, то ищет поводы, чтобы спорить, *как пьяница ищет возможность выпить*. Да, да, именно так! Понятное дело, что он и до обращения ко Христу любил бодаться, и с покаянием, судя по всему, эта похоть никуда не девалась. Защита Евангелия прекрасно подойдет для незаметной кормежки этого идола, ведь это очень благородная причина, оправдывающая ветхое желание. Такой проповедник убежден, что Господу угодно, когда он устраивает очередные интернет-разборки, усмотрев в чьем-то богословии несоответствия библейскому учению. Попробуйте его остановить и призвать сконцентрироваться на том, что объединяет, если, конечно, речь не идет об откровенной ереси. Он вас не послушает, потому что фактически вы отбираете у него любимую игрушку, *приносящую удовлетворение*. Сам того не осознавая, он уже готов отвергать ваши аргументы, ибо призывы перестать спорить — это прямая угроза *любимой похоти*. Ведь, если не находить чужие богословские заблуждения, то **как** продолжать реализовывать желание дискутировать и побеждать?! В том-то и проблема, что он *любит* спорить, *обожает* препираться и спарринговаться. И хорошо, если на горизонте есть какой-нибудь актуальный лжеучитель, на которого можно обрушить мощь здравого учения. А когда его нет, когда нет никакой потенциальной еретической груши для отрабатывания апологетических ударов, то просто не остается ничего другого, как найти какого-нибудь «заблуждающегося» бедолагу в стане братьев и сестер. Это *похоть*, и она требует удовлетворения точно так же, как любая другая зависимость. Тогда он цепляется за что-то незначительное, убедив предварительно себя в том, что это нечто принципиальное и важное. А потом преподносит это церкви как крайне опасное, тонкое заблуждение, нуждающееся в немедленном искоренении.

Похоти искажают процесс познания добра и зла. Это же так логично: любящий что-то злое не может быть полностью объективным в определении зла. Эта страсть естественным образом ослепляет его. Данная похоть (любовь к спорам) вынуждает читать Библию с определенным уклоном, выделяя и возвышая все отрывки, говорящие о важности здравого учения, и не замечая другие, призывающие к братолюбию, миру, единству, долготерпению, смирению, снисхождению к немощным в вере и нежном обращении с детьми Божьими.

Я ведь не отрицаю необходимость проповеди истинного Евангелия. Но что в христианском учении будет принципиальным, а что нет — вопрос на миллион! Когда ты *любишь дружить,* ты ищешь то, что объединяет. Когда ты *любишь воевать,* ты ищешь то, что разделяет, — это же элементарно. Я не призываю к богословским компромиссам в угоду человеческим и церковно-политическим интересам. Есть библейская принципиальность, не позволяющая закрывать глаза на искажение фундаментальных доктрин христианства. Но, как обычно, и здесь найдутся свои крайности. Одни готовы дружить со всеми без разбора, не понимая пагубных последствий влияния лжеучений. Другие превращаются в библейские секты, отрезая или ограничивая контакты с теми, кто не соответствует до миллиметра во всех нюансах их модели библейского учения. Верность здравому богословию, к сожалению, нередко более похожа на приверженность кодексу самурая, в котором нарушения жестоко караются. В любом случае и ту, и другую крайность ее последователи «обосновали» Писанием. Конечно, а как еще выдать свою волю за Божью?!

Подведем итог. Познание добра синхронизировано с познанием зла, о чем свидетельствует схема, приведенная еще в первой главе. Чем яснее мы видим добро (истину), тем лучше распознаем зло (ложь). Главное — помнить о несовершенствах мышления, совести и сердца в целом, чтобы быть очень осторожными и чуткими к корректировкам извне. В очередной раз напомню один из моих любимых стихов: «Кто думает, что он знает что-нибудь, тот ничего еще не знает так, как должно знать» (1 Кор. 8:2). Мы в процессе освящения и обновления ума, поэтому неизбежно будем ошибаться. Конечно же, вы в прошлом не раз и не два перепутали добро со злом. Уверен, что и в будущем перепутаете. Главное, прошу, не бойтесь признавать ошибки. *Тот, кто боится Бога, исправляет ошибки. Тот, кто боится ошибки, исправляет Бога (Писание).* Признание своих промахов — жизненно важное качество, проистекающее из смирения. Смиренным Бог дает *благодать* (1 Пет. 5:5). А благодать — это основа наших взаимоотношений с Господом и ближними. Она, а не закон, ведет к совершенству. А по мере приближения к совершенству мы растем в навыке различения добра и зла.

...Твердая же пища свойственна совершенным,
у которых чувства навыком приучены
к различению добра и зла.

—— Евреям 5:14 ——

Глава 8

Убегая от крайностей

Крайностей следует ожидать всегда и везде, когда дело касается потомков Адама. Было бы странно надеяться, что Слово Божье, попав к ним в руки, не обретет замысловатые толкования. Иисус лично с ними ознакомился, тщетно борясь с богословскими измышлениями фарисеев и саддукеев. О крайности законничества в предыдущих главах сказано уже много. Добавим еще немного информации, а также посмотрим на его антипод. В известном Послании к галатам Павел упоминает оба возможных перегиба в отношении закона.

Итак стойте в свободе, которую даровал нам Христос, и не подвергайтесь опять игу рабства [законничеству] (Гал. 5:1).

К свободе призваны вы, братия, только бы свобода ваша не была поводом к угождению плоти [беззаконию, вседозволенности], но любовью служите друг другу (Гал. 5:13).

Как видно ниже на схеме, беззаконие и законничество являются крайностями, а закон — золотой серединой. Под законом здесь я подразумеваю не ритуальную часть предписаний (жертвоприношения, очищения, обрезание и прочее),

Беззаконие | Закон | Законничество

а нравственный аспект всего закона Божия, отделяющего добро от зла. Это Божий характер, Его ценности и мораль.

Посему закон свят, и заповедь свята и праведна и добра (Рим. 7:12).

Закон — это благо, когда правильно истолкован и используется по назначению. Он дает нравственную оценку всему, что внутри нас и снаружи. В Послании к галатам Павел обращается к христианам, которые отошли от Евангелия благодати, ударившись в закон. Как можно опереться на что-то святое и при этом быть неправым?! Можно, если речь о злоупотреблении. Галатийские христиане решили спастись через исполнение закона. Старо как мир!

Какую сферу ни возьми, индивидуальные особенности всегда будут незаметно толкать в одну из сторон от золотой середины. Касательно закона все мы делимся на две категории. Одни боятся его и бегут в направлении свободы. Другие опасаются свободы и жмутся к ограничениям. Для одних проблема — это слишком много дозволенного, для других — слишком много запрещенного. Однако Писание предостерегает от обоих заскоков. И получается, что, убегая от вседозволенности, одни впадают в законничество, а другие, спасаясь от законничества, попадают в ловушку беззакония.

Если где-то и вышибают клин клином, то только не здесь. Одна крайность не лечится другой, ибо каждая из них несет свои пагубные последствия. Одни злоупотребляют *свободой*, которую дает Божья мораль, другие злоупотребляют *огра-*

Злоупотребление свободой	Законная свобода	Злоупотребление законом
беззаконие	закон	законничество

ничениями, которые она неизбежно налагает. Объединяет же всех одно — непокорность сердцевине Божьего закона, выраженной заповедью любви к ближнему. Она является той самой золотой серединой, определяющей границы законной свободы. Чтобы знать, где она начинается и заканчивается, нужно в совершенстве понимать, что является добром и злом. Все мы движемся к центру, каждый со своего края, вникая в закон свободы, открывающий глаза на истинное благочестие (Иак. 1:25–27).

Итак, задача закона — разграничить добро и зло, подобно рентгену высвечивая проблемные зоны — затемнения, где притаился грех. Он показывает: это поведение — зло, эта реакция — зло, эти слова — зло, эти мысли — зло, эти чувства — зло. Закон был дан, чтобы опознать любую мою неправоту, как опознают преступника на очной ставке.

Как верно заметил Синклер Фергюсон в книге «Весь Христос», у обеих крайностей (законничество, беззаконие) те же корни — искажение Божьего характера. Это приписывание Ему качеств собственного изготовления и отрицание или искажение тех, которыми Он действительно обладает. В самом деле, перед тем как Ева пошла на поводу у беззакония, она повела себя как законник, выдумав несуществующее правило.

² И сказала жена змею: плоды с дерев мы можем есть, ³ только плодов дерева, которое среди рая, сказал Бог, не ешьте их и не прикасайтесь к ним, чтобы вам не умереть (Быт. 3:2–3).

А может быть, сам Адам передал ей закон уже в таком «усовершенствованном» виде — мы не знаем. Бог озвучил ему запрет до сотворения Евы. Но мы точно знаем, что смерть была обещана, только если они *вкусят* запретный плод, а не дотронутся до него (Быт. 2:17). В любом случае, обратите внимание вот на что: кажется, Ева *верила,* что к злополучному фрукту нельзя даже прикоснуться. Это очень похоже на законничество. И, условно выражаясь, спустя минуту она уже катилась по дорожке вседозволенности. Одна крайность тут же сменилось другой.

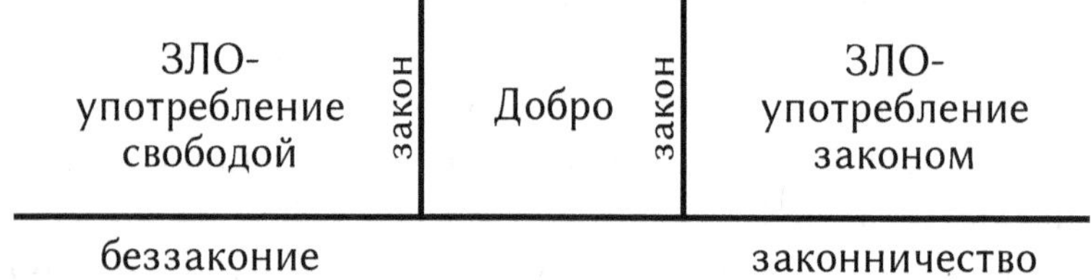

Кстати, замечено, что многие безбашенные грешники, ни в чем не знающие меры, уверовав, превращаются в придирчивых, занудных буквоедов. Полагаю, их можно понять — ситуация как раз из категории «клин клином…». Хотя обе крайности нравственно неприемлемы, беззаконие более очевидно в своей вредоносности. Злоупотребления же законом не так заметы, потому что прикрыты Писанием и на выдаются как угождение Богу. Но давайте обо всем по порядку.

Злоупотребление свободой

Как только апостолы начали проповедовать Евангелие благодати, слушающие тут же начали это учение извращать (Рим. 3:8; 6:1, 15; Иуд. 4). Однако несмотря на подобные манипуляции христиане не остановили проповедь истины.

¹³К свободе призваны вы, братия, только бы свобода ваша не была поводом к угождению плоти [беззаконию, вседозволенности], но любовью служите друг другу. ¹⁴Ибо весь закон в одном слове заключается: люби ближнего твоего, как самого себя (Гал. 5:13–14).

Казалось бы, Павел позаботился о том, чтобы понятие «свобода во Христе» было правильно истолковано, ясно указав на его главного стражника — принцип любви, но склонность к ошибкам никто не отменял. Данная крайность (злоупотребление свободой) подобна заблуждению, что деньги, выдаваемые в отделе кредитования банка, — это подарок, а не ссуда. Согласитесь, что тот, кто воспринимает кредит как дар, явно что-то упустил. И если он будет всем рассказывать, что там-то и там-то *раздают деньги,* то фактически, обманув себя, будет умножать обман. Там не дарят деньги и сделают всё, чтобы вернуть свое, да еще и с процентами (Матф. 25:14–30).

Как я вижу из опыта, большинство впавших в эту крайность — христиане, волком смотрящие на ограничения и склонные к плотским удовольствиям. Они искаженно воспринимают Евангелие благодати, действительно снимающее многие ограничения, многие, но не все. Схематически эту крайность можно изобразить следующим образом:

Максимум свободы | Минимум ограничений

В Послании к коринфянам (гл. 6, 8, 10) и Римлянам (гл. 14) Павел опять упоминает обе тенденции к злоупотреблению. Там он очень доходчиво объясняет причины неправильного использования свободы во Христе — она в отсутствии любви.

Да, все мне позволительно, но у моей свободы есть ограничитель, пограничный столб — любовь к ближнему. Закон — это не запреты на все прелести жизни, как мнится свободолюбивым, и не пережиток Ветхого Завета. *Это запрет на любую форму зла.*

Любовь не делает ближнему зла; итак любовь есть исполнение закона (Рим. 13:10).

Ибо весь закон в одном слове заключается: люби ближнего твоего, как самого себя (Гал. 5:14).

Верное понимание любви гарантирует определенные вынужденные рамки для наших желаний и свобод. Каждое такое ограничение будет продиктовано поиском блага для ближнего. Любовь спроектировала закон, требующий, чтобы я был готов пожертвовать всем, даже собственной жизнью, если потребуется. До самопожертвования, как правило, не доходит, однако расставаться со своими правами приходится часто.

К примеру, Павел имел право как служитель Евангелия быть на содержании тех, кому проповедовал. Эту привилегию он подробно описывает в 9-й главе Первого послания к коринфянам. Там же он рассказывает, почему отказался ею воспользоваться (1 Кор. 9:19). Коринфяне не очень отличались от многих современных русскоговорящих церквей, не желающих содержать своих пасторов.

— Вот еще! Иди работай, параллельно паси нас, решай церковные вопросы, конфликты, проблемы и не забудь приготовить к воскресению качественную проповедь, а к домашней группе наставление.

— А как же семья, нуждающаяся в муже и отце по вечерам и выходным?

— А кому сейчас легко?!

Женатый пастор не может позволить себе такой ритм жизни, не забросив совершенно супругу и детей, а холостой апостол мог. Но главное, он понимал, что прижимистые коринфяне каждую копейку ему потом припомнят, попрекая, помимо прочего, еще и деньгами (2 Кор. 11:12). Они не были духовно готовы взять на себя финансовые обязательства, впрочем, судя по посланиям, они вообще мало к чему были готовы. Разве что только недостатка в духовных дарованиях у них не наблюдалось. С любовью же был огромный дефицит. А, как показывает Писание, жадность проистекает именно отсюда, а не от бедности. Поэтому великому служителю пришлось ради любви избавить коринфских христиан от претыкающей их обязанности.

⁷Согрешил ли я тем, что унижал себя, чтобы возвысить вас, потому что безмездно проповедывал вам Евангелие Божие? ⁸Другим церквам я причинял издержки, получая от них содержание для служения вам; и, будучи у вас, хотя терпел недостаток, никому не докучал, ⁹ибо недостаток мой восполнили братия, пришедшие из Македонии; да и во всем я старался и постараюсь не быть вам в тягость (2 Кор. 11:7–9).

Закон любви может потребовать от нас сознательно и добровольно ограничить себя в том, на что мы имеем право. Это ограничение не ради ограничения, но ради немощей ближнего, то есть та самая свобода, которую нужно отдать.

²³Все мне позволительно, но не все полезно; все мне позволительно, но не все назидает. ²⁴Никто не ищи своего, но каждый пользы другого (1 Кор. 10:23–24).

Почему не искать своего, тем более законного? Потому что любовь не ищет своего (1 Кор. 13:5). Да, тебе многое что позволено, у тебя есть права и свободы, но существует заповедь, которая выше любого разрешения, позволения и льгот. Она царствует над всеми остальными заповедями:

Если вы исполняете закон царский, по Писанию: возлюби ближнего твоего, как себя самого, — хорошо делаете (Иак. 2:8).

Божья мораль (закон) защищает от возможности злоупотребить свободой. В случае, когда собственная совесть не осуждает и позволяет то, что законники назовут грехом (и, кстати, ошибутся), на сцену выходит чужая совесть. Немощная совесть ближнего будет моральным компасом во многих ситуациях. Итак, если моя совесть не возражает, у свободы есть еще один стражник — совесть чужая. Таково требование любви, как бы возмутительно это ни звучало.

Совесть же разумею не свою, а другого: ибо для чего моей свободе быть судимой [осужденной] чужою совестью? (1 Кор. 10:29)

Именно так Павел и поступал, оставив пример нам: «Ибо, будучи свободен от всех, я всем поработил себя, дабы больше приобрести…» (1 Кор. 9:19). Здесь следует отметить еще один критерий, ограничивающий свободу. С него вообще-то и стоило начать.

Все мне позволительно, но не все полезно; все мне позволительно, но ничто не должно обладать мною (1 Кор. 6:12).

Данный принцип прост как пять копеек. Как только что-то разрешенное поработило вас, оно тут же становится запрещенным. Это означает, что вам лучше воздержаться от того, что можно другому, по одной простой причине: это благословение обладает вами, господствует, контролирует.

Законнику трудно понять данный принцип. Если он от чего-то отказался, то будет того же требовать и от других. Индивидуальный подход ему не знаком. Утонул один — запретить купаться всем. Помните?

Итак, понимание добра и зла освобождает от многих ненужных, не заповеданных Богом ограничений. Свободолюбивые должны понимать, что требование закона любви (поставить чужие желания выше своих) неизбежно приведет к ограничению свободы. Перед его лицом у тебя нет прав, даже на собственную жизнь. Ты раб! И никакое Евангелие благодати не освобождает от этого рабства. Оно призвано освободить от рабства греха.

Злоупотребление законом

Оставшееся время давайте посвятим второй крайности. Здесь действует другая схема. Законник тоже читает: «К свободе призваны вы, братья…», но понимает эту истину по-своему. Ох, уж эта свобода, все беды от нее! Она же непременно станет поводом к угождению плоти. Поэтому схематически данная крайность изображается следующим образом:

Минимум свободы	Максимум запретов, правил, ограничений

Как вы помните, на самом глубинном уровне законничеством управляет страх потери контроля. Схема развития страха такая: чем больше ты даешь человеку свободы, тем менее предсказуемой становится его и твоя жизнь, особенно если ваши жизни как-то связаны. Контролер не может просто установить запрет. Нужно запретить и потом следить за исполнением установленного, то есть создать дополнительные правила и ограничения, которые помогут соблюдать границы неприкосновенными. Вот тогда якобы будет меньше сюрпризов.

Повелений, напрямую исходящих из Писания, для законника часто недостаточно. Поэтому нужно создать систему контроля, которая будет заключаться в дополнительных «нельзя». Неважно, что их нет в Слове Божьем. Это же всё для борьбы с грехом ради святости. Хуже не будет! Намерения-то благие. Однако страх потери контроля — это не благое намерение. И вообще, давайте обозначим минимум три проблемы законничества, обнажающие его разрушительную сущность. Первая проблема уже названа:

Законничество — это битва за контроль

Здесь действует система сообщающихся сосудов. Чем меньше доверия Богу, тем больше усилий прилагается для установления контроля над ситуацией, и наоборот. Что выбрать: смириться, возложить свое упование на Бога, ожидая неизвестно чего и неизвестно сколько времени или самому предрешить будущее? Второй вариант сулит больше определенности. Так законник решается на действия, на которые Слово Божье ему право не дает. Но это не беда — надо лишь обосновать их дополнительными правилами. Они очень *удобное средство контроля*.

Контролеры любили правила и до обращения ко Христу. Напомню схему: я устанавливаю правила, люди их соблюдают — создается порядок, при котором не происходит никаких неожиданностей, застающих врасплох и вынуждающих ощущать *беспомощность*. Отсутствие кнопок и пульта управления, саморазвивающаяся ситуация — страшный сон контролера. Чтобы этого избежать, нужно приложить максимум усилий и навязать людям законы, подчиняясь которым они избавят законника от незапланированных ситуаций.

Да, апеллировать он будет к праведному закону, стыдить непослушанием Господу, попрекать небрежным отношением к делу Божьему и свято верить, что этим самым ищет блага для ближних. Но чудовищная его слепота будет заключаться в непонимании того, что он ищет *блага своего*, ведь когда ближние «послушны Господу», они не отчебучат ничего неожиданного. Это его воля, преподнесенная как Божья. Нередко строительство земного царства проходит под официальной вывеской «Царство Небесное». Так что законничество, так же как и вседозволенность, ищет своего (1 Кор. 13:5).

Законничество — это «усовершенствование» Божьего Закона

Слова Господни — слова чистые, серебро, очищенное от земли в горниле, семь раз переплавленное (Пс. 11:7).

Я видел предел всякого совершенства, но Твоя заповедь безмерно обширна (Пс. 118:96).

Задам простой и риторический вопрос: можно ли усовершенствовать совершенство? Ответ очевиден, но, видимо, не для всех. Законники именно этим постыдным делом всю жизнь и занимаются — совершенствуют совершенство. В их понимании «написано» часто недостаточно: недостаточно строго, недостаточно убедительно, недостаточно ограничивающе, недостаточно свято. Писание оставляет слишком много опасной свободы для действий и злоупотреблений. Так не пойдет! Вот и фарисеев многое не устраивало в Законе в том виде, в каком он был озвучен Всемогущим. Взять, к примеру, заповедь «Седьмой день — Господу». Как же это Яхве умудрился посеять столько неопределенности?! Надо прописать все можно и нельзя. Что будет считаться работой, а что нет? Где конкретика? Непорядок! Люди сами не разберутся, как угодить Господу.

Но, кроме отсутствия «конкретики», законника беспокоит, что написанное в Слове, оказывается, иногда «не работает» в реальной жизни. Требуется кое-что улучшить. Для чего? Та же самая цель — управлять ситуацией, взять ее под контроль. Поступить по Слову и ждать неизвестно сколько, уповая на Бога, слишком рискованно. Приготовить коня ко дню битвы, надеясь на победу от Господа, — это недостаточно гарантированно. Еще чего не хватало! Легче самому предрешить результат. Поэтому, на словах почитая Слово Божье, на деле законник его частенько нарушает, конечно же «ради блага». И в этой точке он родной брат свободолюбивого — они оба не покоряются Писанию.

Помню, как в одной церкви обсуждалась форма руководства. Обе стороны признавали множественность пасторов, но камнем раздора стал вопрос о необходимости старшего пастора. Понятное дело, подобной должности в Библии днем с огнем не найти, и противники такого подхода апеллировали к ней, выступая за равенство всех пастухов. Их оппоненты ссылались на опыт и контраргументировали вышеупомянутым «это не работает». В теории они ни секунды не сомневались, что все Писание богодухновенно и безошибочно, но своей практикой они это в прямом смысле отрицали, сами того не понимая. Это была очередная преступная попытка усовершенствовать Слово Божье, записавшись в соавторы. Двигала ими вся та же жажда контроля, ведь как удобно и спокойно жить, когда все слушаются одного.

Сарре тоже однажды надоело ждать с моря погоды, и она взяла ситуацию с деторождением в свои руки (Быт. 16:1–4). «Я не знаю, что тебе там обещал Господь Бог, но стратегия под названием „доверять и ждать" не работает! Прошло десять лет, а воз и ныне там. Так что возьми мою служанку, и решим проблему как умеем. Это, конечно, не то, что хотелось, но лучше, чем ничего». Продолжение вам известно: во-первых, Авраам послушал жену и тут же оказался виноват (Быт. 16:5). А во-вторых, потомки Измаила с тех пор кошмарят не только израильтян, но и всему миру крепко достается.

Законничество — это сбой приоритетов

Данную проблему Писание описывает как отцеживание комара и проглатывание верблюда — вот чем законничество очень опасно. На первый взгляд, законник ставит фильтр на пути греха, но это очень странное сито для отсеивания недозволенного. Комар там застревает, а верблюд проваливается. Ревностно соблюдая нечто второстепенное, законник умудряется нарушать действительно важные повеления.

> [23] *Горе вам, книжники и фарисеи, лицемеры, что даете десятину с мяты, аниса и тмина, и оставили важнейшее в законе: суд, милость и веру; сие надлежало делать, и того не оставлять.* [24] *Вожди слепые, оцеживающие комара, а верблюда поглощающие! (Матф. 23:23–24)*

Поэтому законник не задумываясь будет разрушать отношения с ближними своими, даже с членами семьи, ради какого-то ничтожного правила, при помощи которого он решил быть верным Господу. В этой сфере он проявит непримиримую принципиальность, напрочь игнорируя снисхождение, прощение, милость, долготерпение и любовь. Из ерунды он сделает святыню, с потерей которой общество, конечно же, погрузится в пучину безбожия. Спасая своего полудохлого, невесомого комара, он не задумываясь застрелит сильного и полезного верблюда. Он будет почитать и оберегать какую-то нелепость ценой разрушения действительно важного и ценного. Умеет, ох умеет он вытереть ноги о чью-то душу, и совесть его даже не пискнет. И назовет он это угождением Богу, благочестием, праведностью, справедливостью, духовностью, библейской принципиальностью. Будет так поступать и других учить.

Подведем итог. В основе обеих крайностей лежит неверное понимание Божьего характера. Свободолюбивый не понял, что свободой нельзя пользоваться во вред ближнему. Он увидел ограничения и попытался от них избавиться. А законник увидел в законе не любовь, а набор правил и запретов, существующих для осуществления контроля над жизнью и ближними. Наша задача — не скатываться ни в одну из крайностей. Для этого нужно позволять закону Божию судить наше сердце и постоянно держать в голове его суть: «Любовь не делает ближнему зла; итак любовь есть исполнение закона» (Рим. 13:10). Любовь защитит как от излишних ограничений, так и от излишней свободы. Движимый любовью будет созидать там, где вооруженный знанием разрушит. Закон — это слуга Любви, помогающий обнаружить зло. Поэтому там, где царствует любовь, крайности редки.

Ибо весь закон в одном слове заключается:
люби ближнего твоего, как самого себя.

—— Галатам 5:14 ——

Глава 9

Сила благодати

Было время, когда я использовал благодать в основном в сотериологическом значении — спасен по благодати. Но хорошо известная вам схема роста в благодати постепенно привела меня к более глубокому пониманию ежедневной нужды в незаслуженной милости. Теперь я знаю точно, что исключительно на ней держатся наши отношения с Богом, на ней же нам велено строить отношения с людьми. Познание благодати будет незаконченным и бесполезным, если мы не станем ее проводниками. Без нее все, что остается, — это взаимовыгодно использовать друг друга. Когда бартер не получается, а миловать не хочется, то наступает то, что называется кризисом отношений. Однажды мы приходим к точке, от которой двигаться можно только по благодати. В семье это вообще ежедневная необходимость.

Где, как не в отношениях, особенно в сложных, можно узнать себе цену?! Еще ниже эта цена падает, когда мы наконец-то осознаем, как сами подливаем масло в огонь конфликтов. Поджигатель, мнящий себя пожарником, провокатор, ощущающий себя миротворцем, преступник, убежденный, что он невинная жертва, — это моя ежедневная пасторская реальность. Поэтому нет роста в благодати без роста в понимании своего сердца.

Красота благодати в том, что ее невозможно являть по плоти, усилиями ветхой природы. На начальной стадии любых отношений вы сможете дурить себя и ближних, думая, что ваше дружелюбие имеет духовную природу. Однако греховность (своя и чужая) рано или поздно вывернет ваше сердце наизнанку со всем его содержимым. Чужое зло спровоцирует ответное зло, и чтобы этого не происходило, необходима сверхъестественная сила благодати. Вы, читающий эти строчки, по опыту прекрасно знаете, о чем я. Строить отношения даже с верующими тяжело. Особенно утяжеляет этот процесс убеждение, что у детей Божьих всё должно быть по-другому. В разуме живет утопическое «вот как должно быть», взятое непонятно откуда. «Как это непонятно откуда?! — удивитесь вы. — Библия так учит!» Но мы уже обсуждали, как умело смертные путают добро со злом. Их понятие нормы вызывает то смех, то слезы.

От «кто мы есть» к тому, «кем должны быть»

Если бы человеческое толкование Писания всегда совпадало с тем, чему оно действительно учит, то Церковь была бы в совершенно другом духовном состоянии, и мы не имели бы такого количества разномыслий. Много говоря о Боге, Слово не меньше говорит о человеке, но познаются эти две сферы реальности только соприкасаясь (все познается в сравнении). Вы не можете в полноте познавать добро, если параллельно не познаете зло. Если познание Бога не открывает вам глаза на человека, то ваше представление о Боге искажено. Оно неполноценное, упрощенное, заниженное или откровенно неправильное! Поэтому мудрый Господь оставил информацию не только о том, *какими мы должны быть,* но и о том, *кто мы есть.* Нельзя духовно расти без этих двух компонентов реальности.

Я в шоке, просто в шоке, как некоторые умудряются «видеть» первое и не замечать второе. Как можно претендовать на библейский подход, упуская такой огромный пласт истины?! Как можно проповедовать о том, какими Господь нас *хочет видеть,* избегая правды о том, какие мы *есть?!* Как можно игнорировать учение Писания об общечеловеческой склонности к самообману и феноменальной нечувствительности к «бревнам» в своих глазах?!

Данное невежество опять напоминает мне детей, неадекватно оценивающих свои возможности. Они постоянно ставят перед собой задачи, которые либо не способны выполнить вообще, либо выполняют по принципу «тяп-ляп». Этот оптимизм объясняется просто: нереалистичный взгляд на себя и на требуемое качество. Их наивное «могу» сопровождается объективно низким результатом, но субъективно высокой оценкой. Показывая свои достижения, например, «смотри, как высоко я прыгаю», они не понимают, как *надо* прыгать, а когда «играют» на пианино в стиле «свободная импровизация мартышки», то действительно думают, что играют, и т. д. Подобным образом невежественные христиане просто не понимают сути, глубины, высоты и широты главной заповеди закона: «возлюби ближнего твоего, как самого себя». Они убеждены, что именно так и любят (Матф. 19:18–20). Их понятие зрелости обладает многими плотскими, инфантильными чертами. И засада заключается в том, что духовный рост им особо не грозит, потому что нельзя возрастать, не видя, в чем надо возрасти. Нельзя исправлять недостатки, которых нет.

Как происходит совершенствование в знаниях, навыках и умениях в любой области? Вы можете ощущать себя спецом своего дела, но только до того момента, пока не столкнетесь с настоящим специалистом. Вдруг выяснится, что он делает такую же работу, но гораздо качественнее и быстрее. Только сравнив себя с профессионалом, вы можете понять разницу между собой и им, получив представление о предстоящем пути развития (как стать профи). Он измеряется расстоянием между двумя точками: 1) где я сейчас нахожусь, 2) где я должен оказаться. Поверхностное понимание святости и греховности укорачивает путь роста, ибо при таком раскладе упомянутые две точки не сильно удалены друг от друга. Приведу уже знакомую, но слегка измененную схему:

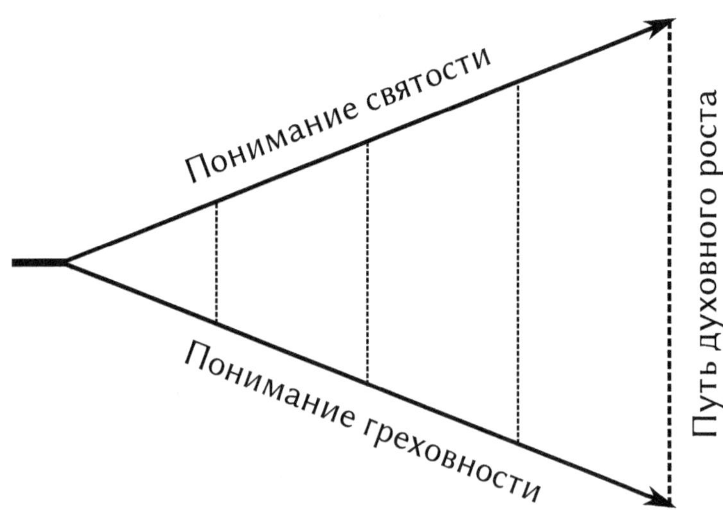

По мере ознакомления с настоящей святостью мы получаем представление об оставшейся греховности. Поэтому, если грех преуменьшается, то взирающий на Христа, Его так и не увидел. Когда Божий характер открывается нам какой-то гранью, то тут же обнажается некая плохая черта нашего характера, ведя к прозрению и внутреннему обличению. Путь освящения естественным образом сразу удлиняется, как вы видите на схеме.

Библейская антропология — это учение о том, какими мы были, какими являемся после покаяния и какими мы должны быть. Огромной ошибкой было бы избегать истины о нынешнем духовном состоянии, фанатично переводя все разговоры в область: «будьте святы», «не смотрите в свое сердце», «смотрите на Иисуса». Это стремление *к дешевой святости*, при которой, как я упоминал, человек обожествлен, а Бог очеловечен. Такое «благочестие» ужасно гордится тем, что не прелюбодействует, не грабит, платит налоги до последней копейки. При этом оно позволяет себе ненавидеть, лицемерить, публично клеветать, осуждать, конфликтовать, презирать ближнего и многое другое (Лук. 18:11–12). «Боже! Благодарю Тебя, что я не таков, как прочие люди…» — тайная сердечная молитва религиозника. Он доволен собой, будучи в Божьих глазах духовным паралитиком, едва шевелящим конечностями.

Когда теория освящения не взята из Слова Божия, а выдумана самоправедником путем внутренней инспекции, то вас ждет следующий опыт. Представьте, что вы заказали евроремонт, *не понимая* при этом, в каком аварийном состоянии находится ваше жилье. Приходит мастер, осматривает объект *профессиональным* глазом, получает представление о предстоящем объеме работ и пытается вас на этот счет просветить. Однако вы упускаете объяснение мастера о необходимых расходах и сроках для приведения дома в соответствующий вид. Вы смотрите на всё дилетантским взглядом и, тыкая пальцем в красивую картинку, просите: «Сделайте мне вот так». Через месяц после начала ремонта вы уже ждете видимых перемен в интерьере и искренне удивляетесь отсутствию какого-либо сходства с журнальным идеалом.

Действительно, капитальный ремонт — это когда сначала что-то ломают, демонтируют и с корнем вырывают. Когда речь идет об обновлении и реконструкции (а это именно наш случай), то придется работать кувалдой и вывозить горы мусора. Поэтому, если вы не замечаете, например, кривых стен, которые надо ровнять, то значит *субъективно* удешевляете все вышеперечисленные *объективные* затраты, выпадая из реальности. Кривые стены — это *дополнительное* время, силы и деньги, необходимые для их исправления. А вы уже были готовы клеить обои. Это духовное дилетантство!

Неспособность видеть проблемы там, где их видит наметанный глаз эксперта, обернется вам в лучшем случае недоумением. «Как же так, я думал, мы почти у цели, а всё, оказывается, только начинается?! Безобразие! Перестаньте разводить грязь! Начните уже наводить красоту!» Только имея реальное понимание того, что из себя представляет ваш дом сейчас, а также о том, каким он должен быть, можно примерно вычислить затраты (время, деньги, силы) для воплощения мечты в жизнь.

Именно в таком положении находятся некоторые христиане. Как печально, что их понимание качества — это быстрый, поверхностный косметический ремонт с броскими обоями и новой краской поверх облупившейся старой. Там и речи не идет о том, чтобы вскрыть полы, где живут крысы. «Что вы?! Обижаете! У нас крыс нет и быть не может! Я сопричастник божественного естества, сын Царя, между прочим! А это царские хоромы! Вы разве не видите?» Поэтому Небесный Прораб не скрыл от нас объем работ по освящению, честно рассказав в Своем Слове все, что нужно знать.

Еще во Введении я упомянул, что *учение о духовном росте, отрицающее греховный потенциал христиан*, ведет к двум возможным исходам. Если вы не привыкли себе врать, то, сталкиваясь с реальностью своего нравственного состояния, впадете в уныние и отчаяние, будучи совершенно демотивированными к дальнейшей борьбе. Убийственно медленно и тяжело идущий ремонт будет контрастировать с тем, чему вас научили. Рожденная в чьей-то голове нежизнеспособная теория о христианине, якобы навсегда распрощавшемся с ветхой природой, войдет в жесткое противоречие с неумолимой практикой. «Как же так?! Мой сосед утверждает, что все квартиры в нашем доме выглядят как картинки, но Инструкция по евроремонту и все мои пять органов чувств кричат об обратном. Кому верить?»

А если с совестью у вас беда, то другая альтернатива — лицемерное, трусливое отрицание факта, что строительные работы только начались и до финиша как до Луны. Вы будете бессовестно игнорировать кривые стены, искрящую проводку, текущую канализацию и делать вид, что все замечательно. Соседи по дому (по поместной церкви), вероятно, будут вести себя так же, чтобы не привлекать внимание и не нарушать правила принятого здесь молчаливого этикета обладателей «роскошных коттеджей». Но поверьте, рано или поздно даже среди них найдется тот, кто, недоуменно глядя на обманутых коллег и удивляясь собственной наивности, однажды иронично и «бестактно» воскликнет: «А король-то голый!»

Итак, оптимистичный взгляд на себя — это просто следствие легкомысленного понимания Божьей морали. Вот что на этот счет пишут Мак-Артур и Крэнфилд в своих комментариях к 7-й главе Послания к римлянам (Рим. 7:14–25):

> …Павел описывает здесь самых духовных и зрелых христиан, которые чем честнее оценивают свое соответствие Божьим нормам праведности, тем больше осознают, насколько они далеки от них. Чем ближе мы к Богу, тем яснее мы видим свой грех. *Поэтому именно незрелые, плотские, подверженные законничеству люди склонны впадать в иллюзию, что они духовны и соответствуют Божьим нормам.* Уровень духовной проницательности, сокрушения, раскаяния и смирения, которые характеризуют человека, описываемого в 7-й главе Послания к римлянам, — это признаки духовного и зрелого верующего, не надеющегося на свою добродетель и достижения перед Богом.
>
> Только христианин, находящийся на вершине духовной зрелости, может испытывать такие глубокие борения сердца, ума и совести. Чем яснее и полнее Павел видел святость и праведность Бога, тем больше он осознавал свою греховность и сокрушался из-за нее[15].

Чем серьезнее христианин старается жить на основании благодати и подчиняться дисциплине Евангелия, тем чувствительнее он становится к тому… что даже самые лучшие его поступки и действия искажаются эгоизмом, который все еще силен в нем и не менее зол, поскольку часто маскируется коварнее, чем прежде[16].

Вышеприведенная схема, выведенная из Слова Божия и подтвержденная многими богословами, толкователями и пасторами, проста: чем лучше ты понимаешь запредельные стандарты святости (каков Бог), тем яснее видишь свое текущее

---

[15] Мак-Артур Д. Толкование книг Нового Завета. Римлянам 1–8. Славянское евангельское о-во, 2018. С. 389. Курсив мой — *Т. Р.*

[16] Cranfield, C. E. B. A critical and Exegetical Commentary on the Epistle to the Romans. Edinburgh: T&T Clark, 1975. V. 1. P. 358.

духовное состояние (каков я). Так становится понятно, куда расти и что менять. В итоге знание о том, каким ты должен быть, не может существовать в отрыве от знания, кто ты есть. Все познается в сравнении. Жан Кальвин в своем «Наставлении в христианской вере» изумительно передал эту истину следующими словами (простите за объем цитат):

> Известно, что человек никогда не достигнет верного знания о себе самом, пока не увидит лика Бога и от созерцания его не обратится к созерцанию самого себя. <…> Все мы по природе склонны к лицемерию, и поэтому видимость правды нам приятнее самой правды. И поскольку все, что нас окружает, полно обезображивающей нечистоты, а наш разум ограничен и зажат скверной этого мира, любая вещь, в которой хоть немного меньше низости, чем во всем остальном, уже очаровывает нас, словно воплощенная чистота. Это подобно тому, как глаз, привыкший видеть лишь черное, воспринимает коричневое и просто темное как царственную белизну.
>
> Пока мы глядим на землю и любуемся собственной справедливостью, мудростью и добродетельностью, то испытываем полную удовлетворенность и предаемся самообольщению вплоть до того, что почитаем себя за полубогов. Но едва мы обращаем свои помыслы к Богу и осознаем безупречное совершенство Его справедливости, мудрости и добродетели, которые должны служить нам образом, — все тотчас меняется. То, что так нравилось нам под маской праведности, начинает издавать гнилостное зловоние нечестия; все, что восхищало мудростью, кажется безумием; а все, что являлось в прекрасном обличье добродетели, предстает как слабость. Таким образом, то, что кажется нам верхом совершенства, ни в малейшей степени не соответствует божественной чистоте.
>
> Вот откуда ужас и смятение праведников, о котором говорится в Св. Писании: всякий раз, когда они ощущали присутствие Бога, их охватывала печаль и томление. Пребывая вдали

от Бога, они чувствовали себя уверенно и ходили с высоко поднятой головой, но стоило Богу явить им Свою славу, как они приходили в смятение и ужас, впадали в уныние, испытывали смертельный страх и едва не лишались чувств. И нам становится понятно, что людей трогает и потрясает собственное ничтожество лишь тогда, когда они сопоставляют его с величием Бога.

Иными словами, когда Бог изольет Свое сияние или явит нам хотя бы его частицу, то все, что было до сих пор светлейшего в мире, окажется *по сравнению с Ним* погруженным во мрак (Ис. 2:10, 19)[17].

Воистину, все познается в сравнении! Поэтому Писание на каждой странице объясняет нам, кто мы есть, параллельно уча тому, какими должны быть. Нет смысла говорить про второе с теми, кто не понял первое. А чтобы существующая чудовищная пропасть между этими двумя точками нас не демотивировала, не угнетала, не толкала в лицемерное отрицание реальности, существует бесценная, все покрывающая **благодать**. Без нее и шагу не сделать. В ней мы возрастаем, узнавая ближе Бога и человека.

Рост в благодати, в свою очередь, подготавливает к благодатному отношению к другим христианам. Если вы *внимательно* читаете Слово, то не будете удивляться тому, на что способны христиане. Например, ясно видя библейский стандарт «не лицемерь!», вы не будете недоумевать, сталкиваясь с лицемерием не просто в церкви, а в руководстве церкви, ибо пасторы сделаны из того же теста, что и остальные. То же самое касается других пороков. Они запрещены, но встречаются достаточно часто даже в церкви!

---

[17] Кальвин Ж. Наставление в христианской вере. Т. 1, кн. I и II. СПб.: Изд-во Рос. гос. гуманит. ун-та, 1997. С. 34–35. Курсив мой — *Т. Р.*

Риски любви

Помните, как доверчиво бросились мы в объятия церковной семьи, понятия не имея, сколько раз нас тут ранят и скольких раним мы? С недоумением и оторопью познавали мы, какими могут быть братья и сестры в конфликтных ситуациях. И поэтому характер призывов и поучений апостолов то косвенно, то прямо свидетельствует о благодати как неизбежном и обязательном основании, без которого невозможно богоугодное взаимодействие между детьми Божьими.

> *¹Итак я, узник в Господе, умоляю вас поступать достойно звания, в которое вы призваны, ²со всяким смиренномудрием и кротостью и долготерпением, снисходя друг ко другу любовью, ³стараясь сохранять единство духа в союзе мира (Еф. 4:1–3).*

Эти слова написаны к верующим из Ефеса — здравой общине, основанной самим апостолом Павлом. Для начала обратите внимание на тот факт, что он умоляет ефеских христиан поступать достойно звания, в которое они призваны. Не кажется ли вам странной риторика, обращенная к возрожденным людям с новыми сердцами, в которых поселился Святой Дух? Разве преображенных созданий нужно *умолять* вести себя соответственно их новой природе?! Разве она не будет естественным образом определять все их мысли, слова, поступки, реакции?! Если святость — это неизбежное, автоматическое соответствие высокому званию христианина, то как понимать этот призыв и *сотни* других? Очевидно, нам нужно признать определенные богословские истины, лежащие в основе учения об освящении.

Итак, *звание во Христе* не совсем совпадает с нашим *нравственным потенциалом*. Иначе в апостольских наставлениях не было бы смысла. Безусловно, оно (новое звание, положение) обязывает к определенному образу жизни и этическому эталону точно так же, как полицейские погоны обязывают к безукоризненному следованию закону. Согласитесь, что обычный преступник и преступник, являющийся представителем закона, — это разные уровни ответственности и тяжести. Первый бросает тень только на свою семью, второй бесчестит все министерство внутренних дел, являясь его представителем на своем, пусть даже рядовом, уровне. Мы представители Христа на земле, глашатаи от Его имени, и поэтому наши незаконные действия бьют по авторитету не только всей церкви, но и ее Главы.

Далее заметим, что требуется для сохранения единства и мира среди людей, знающих Господа. Это составляющие плода Духа: смирение, кротость, долготерпение, снисхождение, любовь. Вдумайтесь, в каких ситуациях вам могут понадобится эти качества. Очевидно тогда, когда грешат против вас и истины. Интересно, как же вели себя **верующие** в золотой век христианства, что для единства и мира требовалось *смиряться, терпеть и снисходить?!* Так же, как и во все времена! Если святость — это неизбежность новой природы, то все добродетели вырастут на древе Церкви естественно, как яблоки на яблоне. Почему такие прекрасные качества — это не само собой разумеющееся среди людей, поклоняющихся Иисусу Христу? Почему ссоры и разногласия — это данность в среде почитающих Слово Божье? Ответ ищите в человеческом сердце.

Итак, такой была церковная реальность Ефеса. Сомневаюсь, что у вас по-другому. Единство и мир — это не результат идентичного до миллиметра богословия братьев и сестер в конкретной общине. Подобная подгонка под одну планку не всегда следствие стремления к здравому учению. Нередко это просто стратегия крошечного сердца, не умеющего любить. Можно научить одинаково до нюансов верить тридцать человек, и всё равно они переругаются между собой, будучи носителями библейского богословия. Мне не хватит пальцев на руках и ногах, чтобы перечислить вам подобные ситуации только в моей практике.

Мир хранит взаимная любовь, а не одинаковое толкование спорных текстов. Атмосферу в церкви создает вера, действующая любовью, а не философия служения. Ни в коем случае не преуменьшаю ценность знания, но Боже мой, сколько раз я видел, как оно надмевает! И это не проблема истины, но проблема возрожденного сердца, *умудряющегося вооружиться для войны за свои интересы тем, что должно было его исцелить*. Фантастическое лукавство (Иер. 17:9)!

Так что благодать необходима не только для спасения, но и для повседневной жизни. Ни шагу без нее нельзя сделать в изувеченном мире. Концепция справедливости несовместима с положением дел на этой Земле. Если вы не умеете миловать, то однажды просто останетесь в одиночестве, и оно будет заслуженным. Благодать — самое настоящее спасение, необходимое как воздух под водой. Без нее мы захлебнемся в обширных водах человеческих недостатков. Нужна сверхъестественная сила извне, способная переносить несовершенства потомков Адама. Сила эта в благодати!

Вступая в отношения, мы должны быть готовы к рискам точно так же, как рискнул Бог, приняв нас в Свою семью. Он продолжает расплачиваться за любовь, и нам она несомненно будет стоить дорого. Поэтому Библия постоянно учит самоотречению, без которого невозможно стать подражателем Христа. Это практика постоянного покрытия благодатью множества чужих грехов (1 Пет. 4:8). Это ежедневно обновляющаяся милость, за которой нужно приходить к Господу, ибо у нас ее нет. Ею заправляются у Престола благодати.

Когда двое вступают в отношения, они как бы садятся в дырявую лодку, медленно наполняющуюся водой. Чтобы не утонуть, нужно постоянно вычерпывать поступающую воду, то есть трудиться. Если остановиться, вы гарантированно пойдете ко дну. Это реальность людского естества, и я умоляю вас не отрицать ее. Писание проповедует такое положение вещей, одновременно проповедуя нормы морали. Другими словами, дети Божьи постоянно грешат друг против друга, и поэтому общение требует жертв: кротости, смирения, долготерпения, снисхождения, любви, то есть благодати. Тот, кто верит в существование герметичных лодок, не требующих постоянных духовных усилий для удержания их на плаву, просто лжет сам себе, или его кто-то обманул. Скорее всего, собственное сердце, но, вероятно, и какой-нибудь умник с кафедры и Ютуба постарался.

Любовь обязывает к тому, чтобы подойти близко. Близость ведет к уязвимости. Уязвимость приведет к ранам, потому что вы не живете среди ангелов. Раны будут болеть. Как вы справляетесь с этой болью? Кто-то предпочтет атаки с постоянными, многоразовыми, выяснениями отношений, которые после каждой разборки только ухудшаются. Другие уходят в глухую оборону, отрегулировав дистанцию с ближними в соответствии с принципами безопасности, что в некоторых ситуациях вполне оправдано. Но в большинстве случаев, особенно когда речь идет о семье, стратегия под названием «держаться подальше» только усугубляет разобщенность. Благодать будет требовать подставлять под удары поочередно обе щеки, находя при этом утешение в Господе.

Кроткий ответ отвращает гнев, а оскорбительное слово возбуждает ярость (Прит. 15:1).

Как долго у вас получается быть кротким после того, как на вас напали? Как быстро вы *позволяете* себе взять дрын и начать обороняться? В итоге грех на грех, гордыня на гордыню, оскорбление в ответ на оскорбление, и пошло-поехало. Остановиться, не ответить злом на зло — дорогого стоит. Кроткого человека сложно вызвать на ответную агрессию. Смирение подавит боль от обид и продолжит идти навстречу. Сразу скажу, что без помощи Духа Святого это *невозможно*.

Плотской подход — непрестанными обличениями, упреками и исправлениями отсечь все недостатки ближнего, чтобы он кое-как уместился в тесном сердце. А Божий подход — через рост в благодати расширить сердце, чтобы оно вместило грешника с его многочисленными торчащими во все стороны сложностями характера. Сердце, наполненное милостью, изольет милость, когда его проткнет стрела злобы. От избытка сердца говорят уста (Лук. 6:45). Если вы адекватный человек, то знаете содержимое своего сердца по тому, что из него исходит. А значит, одна вам дорога — к престолу благодати для получения благовременной помощи (Евр. 4:16).

Лично меня восхищает, с каким упорством апостол Павел игнорировал пренебрежение и холодность со стороны многих коринфских верующих. Они по умолчанию должны были чтить его хотя бы просто за то, что через него были достигнуты Иисусом. Я уже не говорю о трудностях и страданиях, выпавших на его долю как благовестника и основателя церквей. За одно это он достоин уважения. Отношение коринфян вызывает справедливое негодование. Их упреки и настрой — это бессовестная неблагодарность. В подметки не годясь этому мужу веры, они вели себя, как капризные покупатели на рынке: «что-то нам не нравится этот полуапостол, дайте нам другого».

Но посмотрите, как он мягок, милосерден и великодушен. Он унижается, снова и снова доказывая очевидные факты: что он избранный Христом апостол, а не самозванец, что он всем пожертвовал ради проповеди Евангелия, что он сделался рабом для коринфян и служил им бескорыстно, что не поступал с ними по плоти, что он любит их, а они его нет, что он очно и заочно одинаковый, и т. п. На протяжении двух посланий он… оправдывается! Боже мой, оправдывается, не будучи виновным ни в чем из того, что предъявляли ему обнаглевшие христиане Коринфа.

От великой скорби и стесненного сердца я писал вам со многими слезами, не для того, чтобы огорчить вас, но чтобы вы познали любовь, какую я в избытке имею к вам (2 Кор. 2:4).

[1] Неужели нам снова знакомиться с вами? Неужели нужны для нас, как для некоторых, одобрительные письма к вам или от вас? [2] Вы — наше письмо, написанное в сердцах наших, узнаваемое и читаемое всеми человеками… (2 Кор. 3:1–2)

Ибо мы не себя проповедуем, но Христа Иисуса, Господа; а мы — рабы ваши для Иисуса… (2 Кор. 4:5)

[11] Уста наши отверсты к вам, коринфяне, сердце наше расширено. [12] Вам не тесно в нас; но в сердцах ваших тесно. [13] В равное возмездие, — говорю, как детям, — распространитесь и вы (2 Кор. 6:11–13).

[2] Вместите нас. Мы никого не обидели, никому не повредили, ни от кого не искали корысти. [3] Не в осуждение говорю;

ибо я прежде сказал, что вы в сердцах наших, так чтобы вместе и умереть и жить (2 Кор. 7:2–3).

¹Я же, Павел, который лично между вами скромен, а заочно против вас отважен, убеждаю вас кротостью и снисхождением Христовым. ²Прошу, чтобы мне по пришествии моем не прибегать к той твердой смелости, которую думаю употребить против некоторых, помышляющих о нас, что мы поступаем по плоти (2 Кор. 10:1–2).

¹¹Я дошел до неразумия, хвалясь; вы меня к сему принудили. Вам бы надлежало хвалить меня, ибо у меня ни в чем нет недостатка против высших апостолов, хотя я и ничто. ¹²Признаки апостола оказались перед вами всяким терпением, знамениями, чудесами и силами. ¹³Ибо чего у вас недостает перед прочими церквами, разве только того, что сам я не был вам в тягость? Простите мне такую вину. ¹⁴Вот, в третий раз я готов идти к вам, и не буду отягощать вас, ибо я ищу не вашего, а вас. Не дети должны собирать имение для родителей, но родители для детей. ¹⁵Я охотно буду издерживать свое и истощать себя за души ваши, несмотря на то, что, чрезвычайно любя вас, я менее любим вами (2 Кор. 12:11–15).

Вы ищете доказательства на то, Христос ли говорит во мне: Он не бессилен для вас, но силен в вас (2 Кор. 13:3).

Вот она, сила благодати в действии, достойная восхищения. Вот чему нужно подражать, когда с нами обращаются без любви. Апостол снисходит, любит, долготерпит, смиряется и *только таким образом* сохраняет с ними мир и единство. Потому что со своей стороны они его уже отвергли, словесно атаковали, многократно укололи, безуспешно провоцируя на ответную неприязнь. Причем теологически они с Павлом идентичны, духовными дарами тоже богаты — не жалуются. Однако их плотские выходки разбиваются о крепкую скалу его духовности, и в ответ льется благоухающее, ласковое отцовское увещевание. Христос, живущий в нем, являет Себя, даруя незаслуженную милость Своим детям. Они незрелые, чванливые, несдержанные, сварливые, прижимистые, неблагодарные и, в целом, довольно неприятные *христиане*. Но благодать — это незаслуженная, непостижимая милость. И она каждый день изливается на вас щедрыми потоками. Ради Господа, уделите от нее хоть немного вашим ближним.

Тогда государь его призывает его и говорит: злой раб, весь долг тот я простил тебе, потому что ты упросил меня; не надлежало ли и тебе помиловать товарища твоего, как и я помиловал тебя?

—— Матфея 18:32–33 ——

Глава 10

Война и мир

В контексте размышлений о благодати не могу не посвятить хотя бы одну главу теме брака. Вот где незаслуженная милость нужна, как отопление зимой. Самые тесные отношения Дизайнером предусмотрены между супругами. Они должны стать одной плотью. А когда речь идет по сути о двух «кактусах», то задача эта не из простых. Зрелище из категории «и смех, и грех».

Что я знаю о состоянии браков и семей в церквях? Кажется, достаточно много, чтобы приуныть. Вот уж действительно, меньше знаешь — лучше спишь. От кафедры и до последней церковной лавки картина, увы, неприглядная. Скажу больше, все семьи делятся на две категории: те, кто скрывают свои сложности, и те, кто их признают. Ох, уж эта знаменитая народная мудрость: «Не выноси сор из избы». Сколько семей ты загубила! Но что поделать, если для многих лучше гнить заживо, чем позвать на помощь.

Я не утверждаю, что все супруги живут как кошка с собакой, но и назвать их жизнь безмятежной тоже нельзя. Могут ли быть исключения? Безусловно! Но разве в христианском сообществе единство не должно быть нормой? Вопрос с подвохом, как вы понимаете. Если вы в браке хотя бы пару лет, то уже сообразили: взаимопонимание как среди верующих, так и среди неверующих подобно постоянно поддерживаемой чистоте в доме — результат тяжкого, ежедневного, кропотливого труда. Те, кто этого не понимают, обречены на неверное толкование причин конфликтов. Тем не менее все без исключения проходят через мучительную ломку наркотической зависимости от иллюзий, порожденных древним как мир идолом семейного счастья.

Многие израненные «кактусы» думают следующим образом: «Да, я протупил, признаю́. Да, мой брак — это хождение по мукам, но Эльдорадо существует! Есть истинная любовь у кого-то там, где мог быть я, если бы не поторопился. Просто мне не повезло». И, конечно же, в их поле зрения попадет какая-нибудь семья, производящая впечатление благополучной. Сами себя терзая сравнительным анализом, они помещают перед глазами пасторали чужих семейных идиллий, выполненных наивным воображением в нежно-розовых и салатных тонах. Рядом с этой вымышленной красотой помещается черный квадрат Малевича собственных страданий в браке, и, надо же, сразу ощущаешь себя самым несчастным существом во Вселенной.

Безумие сравнения

Вообще, существует несколько самых эффективных убийц брака. Мы затронем три из них. Первый — это сравнение, вернее греховное применение принципа, который красной нитью идет через всю эту книгу (все познается в сравнении). Вот уж беда сотворенных существ, камень преткновения, о который однажды споткнулось все человечество и так эпически грохнулось, что до сих пор валяется в грязи нравственного разложения. «Будете, *как* боги», — было обещано прародителям, и начало-о-ось: богами не стали и на людей больше не похожи. Теперь мы, *сравнивая,* постоянно смотрим по сторонам, выискивая, где трава зеленее. А она и вправду, подлая, кажется зеленее на запретной территории за забором. «Да что ж мне так не везет-то?!» — внутренне возмущаемся мы, с недовольством поглядывая на свой блеклый и куцый газон.

Вот типичная ситуация, где важно знать особенности ветхого мышления. Истина освобождает от лжи, от истерик ненасытной и все перевирающей плоти. Одна из таких особенностей заключается в недовольстве тем, что есть, и в постоянном стремлении к новому. Сравнение себя с окружающими осуществляется так же естественно и незаметно, как дыхание. Мы панически боимся быть обделенными в благах, которые неравномерно распределяются коварной несправедливостью. Она же, понимаешь, с детства нас невзлюбила. Набычилась и строго следит, чтобы нам меньше всех досталось.

«Хорошо там, где нас нет», — верно заметил русский народ. Суть этой пословицы не нуждается в толковании. Я не припомню, чтобы какие-либо кризисные отношения обходились без усугубляющих все сравнений. Людям почему-то кажется, что они достоверно знают, как живет та или иная пара, делая свои выводы на основании их публичного поведения.

Несколько раз в практике душепопечения я сталкивался с ироничной ситуацией, когда мои подопечные с завистливым вздохом ссылались на какую-нибудь образцовую семью, чьи отношения их искренне восхищали, понятия не имея, что те самые «образцовые» отношения я безуспешно пытаюсь чинить уже некоторое время. И дело даже не в актерском искусстве детей Божьих, «удачно» скрывающих темную сторону своего брака. На самом деле, от наблюдательного глаза сложно что-то утаить. Настоящая проблема состоит в искусстве самообольщения, в поразительной способности искажать реальность на уровне восприятия. Подобная наивность в большинстве случаев умирает в муках и превращается в убийственный скепсис. А пока она жива, умудряется упрямо верить в человеческий потенциал. И, погорев на одном потомке Адама, продолжает надеяться, что существует другой, тот самый, который не разочарует: «Кому-то повезло — нашел ангела, а я, видно, проклятый какой-то».

[5] Так говорит Господь: проклят человек, который надеется на человека и плоть делает своею опорою, и которого сердце удаляется от Господа. [6] Он будет как вереск в пустыне и не увидит, когда придет доброе, и поселится в местах знойных в степи, на земле бесплодной, необитаемой. [7] Благословен человек, который надеется на Господа, и которого упование — Господь. [8] Ибо он будет как дерево, посаженное при водах и пускающее корни свои у потока; не знает оно, когда приходит зной; лист его зелен, и во время засухи оно не боится и не перестает приносить плод. [9] Лукаво сердце человеческое более всего и крайне испорчено; кто узнает его? (Иер. 17:5–9)

Каждый, кто попробует опорой своей сделать плоть и кровь в любой сфере, будет постыжен и разочарован. Нельзя пускать корни в тварное, нельзя. Оно для этого не приспособлено. Но что остается, когда отношения с Богом — это красивая христианская теория, а душа просит других отношений. Рвется она и мечется в поисках понятного, земного, ощутимого, видимого, одержимо ищет и… таки находит. И пусть даже это чужой муж или жена, с которым, понятное дело, ничего быть может и не должно, но таковые становятся ориентиром, до которого так огорчительно не дотягивает наш избранник. Самые безумные не удерживаются и пытаются указать непутевому супругу, на кого следует равняться. Поступая так, они буквально вколачивают гвозди в крышку гроба собственного брака. Остальные, поумнее, не решаются сравнивать в открытую, но при этом сердце свое не очищают от лишних людей, тихо страдая. А брак в это время разлагается, потому что он не терпит третьего человека, пусть даже в мыслях и иногда. Он так мудро спроектирован, что любое отклонение от Инструкции в пользовании им разрушает это благословение, моментально превращая его в орудие пытки.

Одно из фатальных последствий сравнения в том, что, глядя куда-то далеко, на того, кто не просто недоступен, а *откровенный плод воображения,* мы перестаем ценить того, кто рядом. Вдруг выясняется, что он уступает ориентиру чуть ли не по всем позициям. На самом деле это очередной самообман. За время работы с людьми я обнаружил интересную антропологическую закономерность, которая в упряжке с другими истинами, надеюсь, поможет вам вырваться из железных когтей капкана сравнений. Охарактеризуем это правило русской емкой и красочной поговоркой: «Не понос, так золотуха». Речь о том, что, если ваш «кумир» очевидно преуспевает в одном, поверьте, сильно не дотягивает в другом. Какие-то действительно похвальные и видимые черты характера непременно уравновешиваются отрицательными и невидимыми. Каждый человек похож на червивое яблоко, которое снаружи может быть румяным, наливным, аппетитно выглядящим. Однако ты не угадаешь, где сидит червь, пока не начнешь есть. Он там, внутри, и порядочно нагадил, пока грыз ходы, но обнаружить его можно, только откусив хороший кусок, другими словами, близко-близко познакомившись.

Так и люди на расстоянии кажутся классными, адекватными, порядочными и т. д. Мы все актеры, и не пытайтесь это отрицать. Нет, не обязательно коварные лицемеры, намерено вводящие в заблуждение. Когда мы на людях, мы внутренне собираемся и тщательно следим за своими словами, реакциями, делами, выражением лица. На публике мы значительно терпеливее, смиреннее, добрее, дружелюбнее, благочестивее еще и потому, что ходим перед людьми. Это всё то же ветхое наследие. Мы хотим производить хорошее впечатление и не любим, когда о нас плохо говорят. Никому не понравится быть объектом кулуарных обсуждений. Поэтому в одной и той же ситуации публично мы можем повести себя одним образом, а дома совершенно другим. К примеру, разве вы не гораздо терпеливее к своим детям в гостях, нежели дома? Разве позволите себе повысить голос в присутствии посторонних? А если все-таки позволяете, то представляю, какой ор стоит, когда вас никто не слышит, как вы наивно полагаете.

Вы не можете знать человека, пока не начнете с ним взаимодействовать самым тесным образом, причем продолжительное время, что, собственно, и происходит в браке (в работе, в служении, в дружбе). Отсюда столько еле сдерживаемого разочарования, изливаемого на меня во время пасторских бесед. А когда взаимоотношения поверхностные и нерегулярные, то антропологический вакуум заполняется вымыслами собственного сочинения. И они зачастую необоснованно радужные. Поэтому, сравнивая своих супругов с другими, вы жестоко заблуждаетесь относительно морального облика объекта сравнения. Он вряд ли сильно отличается от того, кто достался вам. Вы просто его не знаете. Даже если этот чужой супруг очевидно превосходит вашего в том, за что вы его постоянно пилите, то *обязательно уступает в другом*, о чем вы знать не можете.

Одна из причин, почему мы так упрямы в желании привести супружество в соответствие с личным стандартом (как должно быть), — это особая ценность данного идола. Брак — квинтэссенция земного счастья каждого молодого человека независимо от мировоззрения. Даже если провозглашается богоцентризм, ощущается, как правило, другое. В теории «Господь — смысл жизни! Главное — это Бог! Христос на первом месте» и тому подобные заученные мантры. А на практике… гормоны, физиология, инстинкты! Кто совладает с ними?! Половое созревание, первая любовь, которую правильнее назвать пубертатной истерией, фантастическая придурь в голове и представление о жизни, основанное на рекламе, журналах, фильмах и фантазиях. Но любая красивая иллюзия пройдет, как действие болеутоляющего, оставив один на один с тупой болью уродливой реальности.

Да, часто отношения между родителями не вдохновляют детей на создание семьи. Многие вообще растут без отцов. Но это никого не вразумляет, не открывает глаза на факт: брак — это гораздо сложнее, чем кажется (Еккл. 1:9). Неприглядным наблюдениям дается одно и то же стандартное, бестолковое объяснение: «Надо было лучше выбирать. Уж я-то на эти грабли не наступлю… Извините, что вы сказали? Что все люди грешники? Знаете что — не надо свой неудачный опыт делать всеобщим правилом. Не смогли нормально выбрать себе спутника жизни, так другим не мешайте! Что вы вечно всё драматизируете?! Пусть ни у кого не получилось стать счастливым в браке! У меня получится, и точка! Я найду своего ангела, пусть даже на другом конце мира, на сайте знакомств, если надо, и в мою жизнь придет нескончаемое блаженство любви. Ясно вам? Разговор окончен!»

Я наблюдаю пары от фазы «не могу наглядеться» до фазы «глаза б мои тебя не видели». Слава Богу, не все доходят до момента, когда развод из невероятного, безумного и безбожного «решения» проблем превращается в естественное, близкое, желанное, но недозволенное счастье. При этом кризис отношений так или иначе знаком всем, просто для одних — это этап, пройденный как страшный сон, а для других — ежедневная, истязающая явь.

Я обнаружил, что самые удачные союзы в свое время обязательно прошли «долиной смертной тени», переболев профессиональными болезнями супружества. Подобно вирусу, кризис либо убивает, либо вырабатывает иммунитет. Переболеть придется — это полбеды. Беда, когда недуг перерастает в хроническую форму, превращая семейную жизнь в сплошную муку. Беда, когда два возрожденных человека *сосуществуют* под одной крышей и даже спят в одной постели, будучи бесконечно далеки сердцами. Не расходятся, потому что совесть не позволяет, детей жалко, из церкви выгонят, идти некуда, а жить на что, и т. д. Не разводятся, возможно, ставя себе это в заслугу, при этом наотрез отказываясь умереть для своих желаний и смириться с отсутствием того, на что неистово надеются. Истыкав друг друга ножами претензий, упреков и обидных слов, каждый прячется в свою берлогу, утешаясь любимыми идолами, присосавшись к ним, как к пустышке, вместо того, чтобы прийти за утешением к Тому, Кто есть счастье и радость (Пс. 15:11). И, разочаровавшись в одном увлечении, устремляются к другому, ощущая себя ни много, ни мало несчастной жертвой однажды сделанного рокового выбора.

«Роковой» выбор

Следующий убийца брака — это сослагательное наклонение, будь оно неладно! «Эх, если бы только можно было вернуться назад и все исправить! Меня же все отговаривали!» — сокрушается браток, чья жена, не исключено, что летает по ночам на метле. «Зачем я сказала ему „да“, — плачет раздавленная горем сестра. — Ведь женихался ко мне другой, а я отказала, ду…а! Он оказался таким замечательным семьянином, в жене и в детках души не чает, зарабатывает. Ведь на ее месте могла быть я!»

Сестричка эта, плачущая по ночам в подушку от бессилия, однажды стоя у алтаря в белоснежном платье и восхищенно глядя на своего избранника, конечно же, понятия не имела, что ее ждет. Разве *такой* итог приходил ей на ум, когда, оглядывая со сцены счастливые лица семьи и друзей, она блаженно улыбалась чарующим и долгожданным словам: «Объявляю вас мужем и женой»?! А сейчас она фактически брошена и предана. Ее иллюзорное представление о любимом разбито вдребезги о камни его реального характера. И в ее глазах это зло, которого не должно было случиться, если бы она была поумней, делая свой выбор. Однако не все так просто.

Дорогие братья и сестры, заблудившиеся в мрачном и путаном лабиринте сводящего с ума сослагательного наклонения. Не позволяйте себе с сожалением оборачиваться умом в прошлое, оплакивая упущенные возможности. Вот очередная ситуация, где важно правильно мыслить. Вы должны вооружиться *освобождающей истиной* и фанатично проповедовать ее самим себе. Иначе напрашивающиеся сами собой привычные выводы лукавого сердца нарисуют перед вами такую жуть, что жить не захочется.

Да, действительно, у вас был выбор. Но правда также в том, что этот выбор был предрешен. И я сейчас не имею в виду доктрину о предопределении и тому подобное. Не будем впутывать сюда Всевластного Бога, действительно стоящего за каждым словом и делом (Прит. 16:1; 19:21). Я совсем о другом, а именно — о системе ценностей, которая управляла вами на тот момент, ведя к закономерному и неизбежному решению. *В том духовном состоянии, с теми внутренними предпосылками вы просто не могли выбрать иначе.* Перестаньте верить в невозможное! Вам предложили то, что для вас было ценным, что котировалось как сокровище. И, как мотылек летит на свет, вы устремились навстречу радости. По-другому на тот момент быть не могло.

Я уже упоминал выше об актерской тенденции производить на окружающих хорошее впечатление. И поверьте, что именно благодаря этой лицедейской привычке браки вообще заключаются. Мы кого-то «невзначай» очаровали, и кто-то «нечаянно» охмурил нас. А если быть точным, то человек сам добровольно и с удовольствием очаровывается: «Ах, обмануть меня не трудно! Я сам обманываться рад!» (А. С. Пушкин). Недостаточное и искаженное представление об избраннике порождает нереалистичные ожидания, каждое из которых ждет ледяной, бодрящий душ совместной жизни. *И это, внимание, нормально!*

Проблемы в браке — это не признак допущенной ошибки выбора, а неизбежная и обязательная составная часть близких отношений между двумя грешниками. У семейной идиллии на грешной Земле не больше шансов, чем у помидорной рассады в Антарктиде. Даже в южном климате она обречена на гибель без посторонней помощи. Когда вы трудитесь на огороде, уверен, что не удивляетесь законам природы. Вряд ли с возмущением и раздражением вы жалуетесь соседям, что у вас неправильные томаты, так как они отбирают много сил и времени. Сами собой растут только никому не нужные сорняки, а действительно ценное нуждается во всевозможных вложениях.

Таким же образом не нужно пугаться, столкнувшись с конфликтами, видя причину в неправильном выборе. Данное толкование — это уход от ответственности и отрицание сути проблемы. Это «смиренное» признание глупости, но *в прошлом,* а сейчас, мол, я поумнел и поступил бы иначе. Тем самым я утверждаю, что счастье с таким, как я, *возможно,* что со мной все нормально. Остается только один завершающий, но трудно достижимый элемент счастья — такой же адекватный, как я, человек, но только противоположного пола. Отсюда перейдем к третьему убийце брака.

Синдром жертвы

Да, каждый христианин признает свои несовершенства так или иначе. Вряд ли кто отважится вслух сказать, что он воплощенное сокровище, хотя многие о себе так и думают. Это не мои домыслы, а чистосердечные признания, полученные в ходе душепопечительских встреч. Синдром жертвы опирается на часто упоминаемую мной человеческую особенность не замечать отвратительные черты своего характера. И сфера брака — одна из слепых зон самопознания. Тем не менее в нем христиане неизбежно узнают о себе много нового. После свадьбы обнаруживается много такого, о чем мы и не догадывались. Супружеские отношения вдребезги разбивают самомнение, обнажая постыдные глуби́ны души.

Однако мы видим свою неправоту, внимание, как *оборонительную реакцию.* Другими словами, да, признаю, я тот еще грешник — самому стыдно, но… мой грех — это следствие провокации. Если бы на меня не нападали, то я бы так не реагировал, и все у нас было бы хорошо. То есть первая грань проблемы в том, что таким толкованием мы оправдываем себя, маркируя свой грех как ответный. «Она первая начала!

Сам по себе я олицетворение миролюбия, но когда доведут, то прет из меня — что поделать».

А вторая грань в том, что, отчетливо видя чужие недостатки, мы слепы к своим провоцирующим действиям. Наши слова, дела, отношение, реакции задевают супруга, буквально приглашая его к нападению. В большинстве случаев это делается не специально. Мы просто не задумываясь с невинным видом поступаем эгоистично. А потом непритворно удивляемся: «Какая муха тебя укусила?!» Поражаюсь, с каким искренним надрывом и слезной обидой люди возмущаются *ровно теми поступками,* которыми сами грешат без зазрения совести. Говоря о слоне в посудной лавке супружества, мы склонны преуменьшать свой вклад в этот разгром. Да, вы будете видеть, как оппонент «жестоко» крошит обломки *вашей мечты* о семейном счастье, но при этом необходимо чудо, чтобы вы *увидели,* как в то же время топчете груды осколков его ожиданий, чаяний и надежд. Это всеобщий непрошибаемый, глухой и слепой эгоизм, делающий невозможной работу над ошибками!

У каждого есть свое понимание, например, качества и количества проведенного вместе времени. У мужа — одно, у жены — другое. Напомню, что оно обосновано и узаконено убеждениями, настроившими совесть на определенный индивидуальный лад. Поэтому как же нам не поругаться, если чужой грех я вижу за версту, а свой в упор не замечаю. Отсюда завышенная нравственная оценка себя и своего «миротворческого» вклада в отношения. В глубине своего сердца стандартный муж считает, что будь на месте его жены нормальная женщина, то она бы точно оценила его по достоинству. И стандартная жена думает так же. Это *катастрофа!* Вы никогда не добьетесь сколько-нибудь существенного прогресса, пока не перестанете считать, что причина разрушенных отношений находится вне вас. Синдрому жертвы, как его называют психологи, не место в мышлении детей Божьих.

Что делать?

В истории войн известны случаи, когда отчаянный полководец, преодолев водную преграду, сжигал за собой мосты, чтобы лишить воинов соблазна бегства. И правда, что остается, когда путь назад отрезан и ясно осознаешь, что есть только два варианта: победить или погибнуть. Третий вариант — сбежать — невозможен. В такой ситуации, хочешь не хочешь, а придется собрать волю в кулак и стоять до конца. Сожженный мост избавит от искушения пугливо оглядываться, подыскивая пути отступления, и вынудит что есть мочи решительно пробиваться вперед.

Возрожденные люди не допускают развода в ситуациях, где его не допускает Господь. Это похвально, но правильное богословие не означает, что все они будут биться насмерть со своими грехами, разрушающими брак. Многие из них впадают в ловушку сравнения, сослагательного наклонения и синдрома жертвы. Кто-то быстро сдается, а кто-то рвет жилы до последнего в тщетных попытках переделать спутника жизни. Кстати, некоторым особо принципиальным и жестоким удается тупо подмять под себя супруга. Слабые люди, не имея сил и упорства выносить регулярный и опустошительный вынос мозга, руководствуясь инстинктом самосохранения, принимают правила игры агрессора, чтобы уменьшить моральное давление.

Однако в большинстве случаев муж с женой подобны двум примерно равным по силам спарринг-партнерам, находящимся попеременно в двух состояниях: они то сходятся в очередном коротком и яростном поединке, оставив друг на друге следы удачных попаданий, то разбегаются по углам, тяжело дыша и собираясь с силами. Сбежать нельзя, но и победить не получается. Зачастую так может длиться всю жизнь.

Что в таком случае будет аналогией сжигания мостов? Мысли о неудачном выборе, безумие сравнения и отказ назвать себя полноправным виновником кризиса — это *своеобразное мысленное бегство по мосту ложных убеждений*. Он не дает выхода, оттягивает неизбежное и увеличивает разобщенность между теми, кто должны стать одним целым. Такие убеждения необходимо *сжечь дотла*, чтобы не бежать умом в иную реальность. Да, страх Божий не позволяет христианам физически выйти из брака, но в мечтах они это делают регулярно. Поэтому правильное мышление — спасение в таких случаях.

Благодать свела вас именно с этим человеком, и никто не подходит больше для тех целей, которые Бог предусмотрел. Изменить его не получится, подогнать под свои размеры тоже. Вернее, это можно, но только путем безбожного насилия над личностью, за которое вы ответите. Вы никого не поменяете, но можете путем манипуляций *заставить* исполнять вашу волю. Это все равно что силой затолкать кого-то в ящик, где тот, согбенный в три погибели, примет нужную вам форму. Кстати, многие мужья виновны в такой политике. Имея власть, трудно удержаться от злоупотребления. Приказ — самый короткий путь к цели. Да, ты не согласна, да, тебе это не нравится, да, это будет чего-то стоить, но что у нас тут написано? Прочитать или сама знаешь? Правильно, «жены, повинуйтесь своим мужьям, как Господу». Так что вперед, милая, за дело!

О манипулировании я подробно писал здесь[18]. Оно подобно срезанию углов или экономии времени, сил и средств при строительстве дома. Вас не обрадует проживание в такой постройке. Законы качества и роста не позволят обмануть реальность[19]. Освящение нельзя форсировать человеческими способами. Методы безошибочно проявляют истинную цель, как бы благочестиво ее ни сформулировали. Манипуляции все до единой стоят на службе у ветхой природы для поиска своего. Господь же действует иначе, готовый к самопожертвованию и другим затратам для оказания доброго влияния (Еф. 5:25–28). Но для этого придется сжечь мосты и в поте лица пахать, содействуя Христу в преобразовании собственного сердца.

Оно должно исполниться благодати, чтобы *вместить* супруга/у со всеми несовершенствами, взывая к Богу о помощи и стараясь изо всех сил. Просто примите решение не отступать в достижении мира, обновляя его каждый день, как обновляется Божья милость (Пл. Иер. 3:22–23). И когда вы чувствуете, что практически ненавидите того, кого велено любить, как свою душу, падайте на колени в покаянии перед Отцом любви, просите благодати, а потом поднимайте себя за шкирку и идите воевать с… *собой!* У вас в голове не должно быть никакого другого пути!

Грех не должен над вами господствовать, ибо вы не под законом, но под благодатью (Рим. 6:14).

Да, вы получите в челюсть не раз и не два, и, кстати, как правило, заслуженно. Но вы откажетесь по старой привычке ощущать себя невинной жертвой, а попытаетесь понять, где

---

[18] Расулов Т. Научи меня любить. Самара, 2016. С. 187–210.
[19] Расулов Т. Ближе к Тебе. Самара: Благая весть, 2020. С. 30–38.

очередной раз поступили по плоти. Получая в свой адрес невнимание, грубость, злость, обидные слова, неблагодарность, укоры, вы будете принимать их как пришедшие по Божьей воле (Прит. 16:1). *Это будет больно, но не смертельно.* Помните, что гордыня воспринимает мелочи как вселенские трагедии. В реальности же, как правило, ничего страшного не происходит. Фактические удары и ощущаемая боль не сопоставимы. Укрывшись в благодати, можно все перетерпеть, отказавшись платить злом за зло.

Так что, дорогие, одна вам дорога — к всемогущему Богу, у ног Которого нужно оставить весь свинец обид, застревающих в сердце, которое забыло укрыться за бронежилетом благодати. Только в Иисусе можно обрести силу, истинное утешение и удовлетворение. Любящий Господь использует супруга, чтобы крепко-накрепко привязать ваше сердце к Себе! Это Его главная благословенная задача. Пока вы просите семейного счастья, Он очищает сердце от греха, идолов, похотей, эгоизма. Это неприятно, но необходимо. Если вы научитесь ценить очищающий труд Господа, пусть сквозь слезы, то считайте, что *вы победили.* Тогда вы, подобно Иакову, будете радоваться возможности еще больше уподобиться Спасителю (Иак. 1:2–4). Подражание Христу станет ценнее, чем безмятежная жизнь.

Ваши избранники не меняются с той скоростью, с какой вы бы этого хотели. Сейчас они добродушные, а через пять минут так покусают, что мало не покажется. И ведь не успеваешь приготовиться, все случается молниеносно. Главное — видеть, не с вашей ли подачи поднялся градус напряженности. Если так, примите это как жатву, ожидая, что всевластный Бог направит все ко благу (Рим. 8:28).

«Война и мир» — так называется хронологический многотомник брачных отношений. Чем послушнее вы Отцу, тем короче периоды перестрелок. Чем больше вы подчинитесь Его воле, тем упорнее будете искать мира, с тем, кто воюет. Чем скорее вы умрете для себя, тем легче примите любые обстоятельства. Чем посвященнее вы живете для Христа, тем проще отдать себя на служение ближнему. Пусть пользуется, ради Бога! С вас ничего не убудет, ибо вы бесконечно богаты благодатью. Надо только научиться передавать ее другим. Тогда любая война окончится миром (Прит. 16:7).

И от полноты Его все мы приняли и благодать
на благодать...

—— Иоанна 1:16 ——

Глава 11

Благодать преображающая

Освящение предполагает изменения во всем, начиная с нашей природы. Вдумайтесь в суть духовного возрастания. Это обновление, движение от плохого к хорошему, путь избавления от ветхого, плотского, греховного. Для того чтобы такой процесс шел, нужно *побеждающее влияние* доброго на злое. Разве нет? Именно этим трудом и занят Дух Святой, отсекая лишнее, воспитывая, воздействуя, ведя. Он использует всевозможные инструменты: трудности, болезни, обстоятельства, приобретения, потери, поучительные ситуации, конфликты и т. п. Все это многообразие средств благодати объединяет Слово Божье, изъясняющее происходящее и указывающее на ориентир — Христа.

Бог ежедневно оказывает на нас влияние. Этим же заняты и мы в силу семейных, церковных и социальных связей. Наше влияние, к сожалению, значительно отличается в мотивации, целях и эффективности, но идея та же — улучшить. Только добро и зло мы, порой, путаем местами, о чем мы ранее говорили. Хотя нами, в целом, управляет библейское мировоззрение, оно тем не менее еще дыряво и несовершенно.

Знание следующих предпосылок убережет от того, чтобы возомнить наше влияние истинно библейским, здравым, объективным, уравновешенным, уместным и необходимым. Пророческое «Так говорит Господь...», к сожалению, присваивается нами чаще, чем нужно, а верная антропология хранит от самоуверенности.

Первая предпосылка:
мы судим людей по себе

Вы знаете об этом? Данная истина относится ко всем без исключения. Ближние всегда в чем-то непохожи на нас. Наблюдаемые отличия мы уверенно записываем в отклонения от нормы, не осознавая, что сами, возможно, ничуть не ближе к ней. Этот феномен затрагивает любую сферу жизни, в которой у нас выработалось свое мнение.

Откуда, скажем, берутся домыслы? Мы домысливаем то, что приходит в голову *нам,* и проецируем на остальных. Мы смотрим на окружающих сквозь призму своей индивидуальности, ошибочно делая свою оценку точкой отсчета. Личностные особенности сильно влияют на богословие, убеждения, поступки, решения, реакции. А мы почему-то думаем, что все они сформированы Писанием.

Например, мне боязно отказывать людям. Когда я не намерен соглашаться, то тяну время, не давая четкого ответа, а отказывая, прилагаю кучу объяснений, доводов, оправданий и деталей, которые человек знать не обязан и не претендует. Старший сын уже раскусил меня и дал четкое, разоблачающее толкование такому поведению: «Пап, твое „потом“ — это отложенное „нет“». Сущая правда! Поступая таким образом, я держу людей в состоянии неопределенности, лишая их возможности работать над планом «Б». Я переживаю, что мой отказ обидит. Ненавижу чувство отверженности и проецирую его на остальных. Однако в большинстве случаев люди хотят быстрого, четкого и однозначного ответа, который внесет ясность в их планы. Их больше напрягает мое неопределенное и продолжительное мычание, чем твердое «нет». У меня заняло много времени, чтобы это понять.

Грех проник до самого ядра нашей сущности, исказив ценности, мышление, реакции, поведение. Они сложились задолго до того, как мы покаялись и трудно отделимы от личности. Всё это — неразрывное и всеобъемлющее «Я». Поэтому *так сложно* видеть себя со стороны. Мы постоянно пребываем в слепой зоне своего естественного поведения. Из этой зоны можно выходить только по благодати, когда Святой Дух открывает глаза на грех, и приходит сокрушение. Это всегда особая милость Господа, без которой изменения недоступны (1 Кор. 15:10).

Адам и Ева однажды провозгласили автономию Эдемской республики. Претензия на божественность — это, в том числе, решение стать мерилом всего. Теперь «Я» и есть стандарт, решающий, что есть добро, а что зло. От того, что у меня в руках Библия, я не избавился от привычки, берущей начало в моем ветхом человеке, — *мерить всё по себе*.

Убежден, что вам хорошо знакома ситуация, в которой вы совершенно искренне, хватаясь за голову, с недоумением, округлив глаза и растягивая слоги с надрывом произносите это сакраментальное: «Я не по-ни-маю!» И каждый раз речь идет о поступке, в котором вы не видите логики и здравого смысла. Вы возмущены, потому что считаете такое поведение в корне *неправильным*. Но, Боже мой, сколько своего неправильного вы делаете параллельно, не чуя этого ни сном ни духом! Отсюда переходим ко второй предпосылке.

Вторая предпосылка: норма — это то, что кажется правильным нам

Собственно, именно поэтому мы так непринужденно судим других по себе. Судят всегда на основании некоего стандарта или закона. Понятие «норма» позволяет определить все отклонения от нее. При нашей склонности безраздельно доверять себе в оценке происходящего не стоит удивляться тому, что идеал приравнен *к нашему* восприятию вещей. И уверяю вас, вы не представляете, насколько глубока и масштабна данная проблема.

Взять, к примеру, внешний вид. С какой легкостью мы ставим знак равенства между своим пониманием приличия и эталоном в этом вопросе. Прилично — то, как это вижу я. Откуда такая уверенность?! Оттуда же — из Эдема. Кто дал нам право навязывать свои вкусы и предпочтения другим? Мы сами себе его дали! Имею право, помните, — один из компонентов претензии на божественность. Но ведь никто даже не спросил нашего мнения! Ну и что?! Мы инициативно его озвучим, чтобы спасти ближних от заблуждений.

Среди неверующих, понятное дело, бесполезно устанавливать одинаковые стандарты, но кажется, с христианами должно быть полегче. У них же есть Библия — единое мерило всякого нравственного вопроса. Но мы уже давно выяснили, что с Писанием проблем нет. Слабое звено — это его толкование. Хорошо, когда Библия действительно исправляет характер (2 Тим. 3:16). Это идеальный сценарий.

Но нередко бывает и другой, когда стихи и отрывки вырываются не просто из ближайшего контекста (с этим в консервативных кругах проблем нет), а из общей канвы библейского учения и подтягиваются под то, что *уже сформировано в голове как норма*. В таких случаях мы не покоряемся Слову, но подгоняем его под себя. Кажется, что мы видим в Библии некий образец, но он был выделен именно потому, что так сильно импонирует нашему характеру. В этой точке мы не претерпеваем почти никаких перемен. Мы просто вооружаемся Библией, чтобы еще более укрепиться в том, что ветхому человеку всегда было необходимо как воздух. Вот так нередко формируется понятие «нормы».

Потом мы взаимодействуем с окружающими на основании этого так называемого «библейского» стандарта. И вроде бы разрушенные отношения, регулярные конфликты и всевозможные болезненные последствия должны были подсказать, что с нашей нормой что-то не так, но не тут-то было. С нами всё в порядке! Проблема в других людях, не подчиняющихся Слову. А эти гонения и неприятности — всего лишь предреченная Христом плата за бескомпромиссную верность (2 Тим. 3:12).

Несколько примеров. Людям, по природе дисциплинированным, упорядоченным, любящим правила, нравится дисциплинированный, упорядоченный Бог, облаченный в четко очерченные стандарты, законы и предписания. Соответственно, «дисциплина», «порядок» и «правила» будут их любимыми словами.

Для поборников справедливости Бог — это Тот, Кто в первую очередь занят вопросами правосудия. Поэтому в отношениях с ближними они будут действовать исходя из бескомпромиссных требований «Божьей справедливости», а фактически собственного ущербного понимания этой концепции.

Принципиальным людям видится принципиальный Создатель. И, естественно, в Библии будут моментально выискиваться все признаки такого Бога. А теперь угадайте, как они будут поступать с другими? Вот именно — безжалостно принципиально! И, разрушая отношения с братьями во Христе, друзьями и родственниками, будут уверены, что *подражают* Господу.

Жалостливые акцентируют человеколюбивого Бога, потому что они сами жалостливые и неоправданно либеральные. Недисциплинированным нравится «Бог-хиппи», который не заморачивается по пустякам, полон благодати и согласен с подходом «и так сойдет». Поэтому с другими они безответственные и пускающие всё на самотек.

Итак, формируя понятие библейской нормы, мы естественным образом обращаем внимание на стихи и отрывки Писания, *соответствующие* нашему характеру, ценностям и желаниям, а не осуждающие их. Это не целостная картина, а преувеличение желаемого и преуменьшение нежелательного. Поэтому мы недоумеваем, когда Писание провозглашает истины, противоречащие Божьему портрету, уже написанному в любимых богословских тонах. Мы отрицаем неугодное точно так же, как друзья Иова: «Нет, Бог не такой! Он не может так поступать!» Истинное богопознание обязательно в каких-то точках противоречит плотскому мышлению, реакциям и поведению. Если Библия ни в одном моменте не вызывает у вас недоумения, то вам просто все равно, вы не пропустили ее сквозь сердце. Иначе ее учение обязательно где-нибудь застрянет как кость в горле, причиняя дискомфорт в лучшем случае.

[51] Когда же приближались дни взятия Его от мира, Он восхотел идти в Иерусалим; [52] и послал вестников пред лицом Своим; и они пошли и вошли в селение Самарянское, чтобы приготовить для Него; [53] но там не приняли Его, потому что Он имел вид путешествующего в Иерусалим. [54] Видя то, ученики Его, Иаков и Иоанн, сказали: Господи! Хочешь ли, мы скажем, чтобы огонь сошел с неба и истребил их, как и Илия сделал? [55] Но Он, обратившись к ним, запретил им [и сказал: не знаете, какого вы духа; [56] ибо Сын Человеческий пришел не губить души человеческие, а спасать][20]. И пошли в другое селение (Лук. 9:51–56).

Перед нами неуклюжая попытка применить Писание к жизненной ситуации. Неспроста Иаков и Иоанн вспомнили пророка Илию и попробовали ему подражать: их унизили и отвергли (4 Цар. 1). Поэтому не удивительно, что на ум им пришло такое Божье качество, как святой гнев. Вот что я имел ввиду, рассуждая выше о том, как мы вырываем отрывки *из контекста всего библейского учения в совокупности.* Поскольку апостолы не сделали правильные выводы о Божьем характере из повествования об Илии, сводящем огонь (ошибка толкования), они не смогли правильно поступить в отношении ближних (ошибка в применении). Они думали, что считывают отношение Яхве к происходящему. И это неизбежная проблема каждого неправильного вывода о Творце. Все они в итоге выливаются в поступки, разрушающие мир, единство, отношения, дружбу, семью, церковь. До какой степени нужно быть слепым, что, находясь вблизи Христа, *не понимать того, что Ему угодно?!* Это и наша проблема. Разве мы не призываем Божью кару на головы грешников,

---

[20] В более ранних манускриптах отсутствует взятое в скобки предложение.

разве не требуем *справедливого суда* тем, кто отвергает истину, обижает нас и близких?

О, если бы мы были, как чистый лист! Но багаж греховного образа мышления влияет на богопознание. Мы очень склонны к самообману, обладая при этом удивительным иммунитетом против некоторых важных истин. Они так долго и с боями пробиваются к сердцу сквозь толщу «библейских» доводов. А доводы — это телохранители какого-либо плотского желания, с которым мы не хотим расстаться, о чем я писал не раз. Не распознав заблуждение, мы начинаем транслировать его дальше, и такое влияние суть умножение ошибок. Боже упаси!

Третья предпосылка: две крайности в вопросе влияния

Наблюдая за людьми, я обратил внимание на две крайности в вопросе влияния. Одни переоценивают силу влияния, другие ее недооценивают. Каждый занимает свое место в этом спектре, тяготея к одному из двух обозначенных перегибов. Контролерам, с которыми мы уже близко познакомились, свойственно переоценивать свое влияние, что вполне логично. Такие ожидания исходят из их уверенности в себе и своих способностях. Помните — я могу, я знаю, я имею право, я сам? Они убеждены, что горы могут своротить при наличии необходимых ресурсов. Так что контролеры ожидают быстрых результатов, искренне возмущаясь их отсутствием. Им важно видеть хоть какой-то эффект от усилий, иначе у них руки опускаются. Безрезультатное служение по типу пророка Иеремии не для них. Концепции упования на Бога и «когда я немощен, то силен» им непонятны. Они толкуют их на свой лад, упуская истинный смысл. Молясь о помощи свыше, они не перестают верить *в свои силы и способности*. Прячась за истиной о Божьем могуществе, они утверждают свое могущество, а немощи признают чисто теоретически, ибо так учит Библия. Поэтому, оказывая влияние, они необоснованно амбициозны.

Данная крайность относится не только к своему влиянию, но и к чужому — они также его переоценивают. Поэтому легко впадают в беспокойство, когда другие люди оказывают влияние в сфере их ответственности. Такие родители в ужасе даже от мимолетного воздействия неблагонадежных сверстников, средств массовой информации и кого угодно на их чадо. Такие служители в панике, когда с кафедры несется «ахинея», ведь она с одного раза «непременно осядет в головах слушателей и навсегда повредит духовному здоровью церкви». Я могу до конца главы перечислять подобные примеры переоцененного влияния.

Недооценка силы влияния — это другая крайность, являющаяся естественным следствием альтернативного образа мышления. Я отношусь именно к этой категории, поэтому вынужден постоянно проповедовать себе в определенном ключе. Всегда искренне удивляюсь, когда удается повлиять. Но моя «скромность» такая же плотская по сути, как чья-то безудержная готовность своротить горы и завоевать для Господа город, страну и мир.

Крайности — свойство плоти, по которым можно узнать о ее вовлеченности в то или иное дело. При наличии таких реакций советую вам усомниться в чистоте своих убеждений, желаний и мотивов. Божий путь находится где-то посередине. Божий путь — это обязанность выполнить свою работу в связке с упованием на Господа, определяющего результат и сроки (Прит. 21:31).

Милость и истина

⁴Укажи мне, Господи, пути Твои и научи меня стезям Твоим. ⁵Направь меня на истину Твою и научи меня, ибо Ты Бог спасения моего; на Тебя надеюсь всякий день. ⁶Вспомни щедроты Твои, Господи, и милости Твои, ибо они от века. ⁷Грехов юности моей и преступлений моих не вспоминай; по милости Твоей вспомни меня Ты, ради благости Твоей, Господи! ⁸Благ и праведен Господь, посему наставляет грешников на путь, ⁹направляет кротких к правде, и научает кротких путям Своим. ¹⁰Все пути Господни — милость и истина к хранящим завет Его и откровения Его (Пс. 24:4–10).

Изумительный псалом! Для оказания влияния Бог вооружился двумя компонентами: *милостью и истиной* (ст. 10). Во-первых, милость и истина проявились в спасении. Олицетворение их союза мы находим на Кресте. Там истина требовала, чтобы грех был наказан, но милость послала на смерть Божьего Сына вместо нас. Требования справедливости были удовлетворены так, чтобы никто из людей не пострадал. Божий Сын принял удар на Себя.

Во-вторых, содружество милости и истины мы видим в освящении. Бог не понижает стандарты, истинная святость никогда не сдаст позиции, но милость не требует моментального изменения, на то она и милость. Истина повелевает повиноваться, а милость дает время, снисходит и, что очень важно, *помогает*. Такой же подход ожидается от нас в отношении ближних.

Милосердием и правдою очищается грех, и страх Господень отводит от зла (Прит. 16:6).

> *И сам я уверен о вас, братия мои, что и вы полны благости, исполнены всякого познания [истины] и можете наставлять друг друга... (Рим. 15:14)*

Что мешает нам принять Божий путь? Та же самая проблема — крайности! Давайте их обозначим.

Первая крайность:
много истины, мало милосердия

В исправлении чужих недостатков, как правило, переоценивается вербальная составляющая — провозглашение истины. Мы считаем, что *главное — сообщить* человеку о заблуждении и дать побольше ссылок на Писание, доказывающих его неправоту. Ожидается, что после библейского артобстрела оппонент рухнет на колени, признает ошибки и немедленно изменит свои взгляды. Ну, и скажите мне, как часто ваше влияние проходило по такому сценарию? Подозреваю, что вам не особо есть чем похвалиться.

Задам два вопроса. 1. «Как вы *реагируете* на несогласие?» Греховные реакции, напомню, указывают на то, что вы в процессе строительства своего царства, а не Божьего (Иак. 4:1–3). Скорее всего, вам тут есть в чем каяться. 2. «Как вы *толкуете* неудачи на пути исправления чьих-то изъянов?» Большинство объясняет их обыкновенным нежеланием подчиняться требованиям Писания. Я, понимаешь, говорю очевидные истины, а он артачится.

Уверен, вы уже устали от моих частых повторений, что узреть чужой грех несложно. Даже лицемер (человек с духовными проблемами) *без труда* обнаруживает мельчайшие правонарушения у ближних (Матф. 7:3–5). Это означает, что способность увидеть неправоту и попытка ее исправить (дай я выну сучок из твоего глаза) сами по себе не являются характеристиками благочестия. Все это преспокойно можно делать по плоти. Можно находиться в серьезном духовном упадке и при этом давать более или менее правильную оценку чьим-то действиям. Вспомните, как сильно разгневался царь Давид, узнав, что какой-то бессовестный богач отобрал единственную овечку у бедняка. В его глазах тот негодяй заслуживал смерти «за то, что не имел сострадания» (2 Цар. 12:5–6). Вот уж действительно ситуация из категории «Кто бы говорил!». Живя в чудовищном нераскаянном беззаконии, он не потерял способность делать правильные моральные суждения *о других*.

Итак, духовные проблемы не мешают *применять* истину к ближним. Понимаете? Это означает, что обыкновенное распознание чьей-то неправоты еще не дает морального права эту неправоту исправлять. *Вооружившись истиной для помощи, мы еще недостаточно вооружены.* Повторите последнее предложение вслух.

Милосердием и правдою [истиной] очищается грех... (Прит. 16:6).

Влияние, исходящее от Бога, милосердно, терпеливо, снисходительно. Наше же часто движимо ветхой природой. Поэтому я хочу рискнуть и предположить главную причину поражений на этом пути. Речь идет о недостатке благости, милосердия, любви. Вы замечали, что споры или конфликты, в которых два человека пытаются друг друга переубедить, как правило, оканчиваются ничем? Единственный результат — разрушенные отношения. Повлиять на кого-то в контексте личной неприязни просто невозможно. Не обращая внимания на состояние своего сердца, мы продолжаем вещать истину. Но *без милосердия* сложно очищать чужой грех. И, натолкнувшись на сопротивление, мы быстро теряем самообладание. Любовь не подделаешь. Когда ее нет, это так же ощутимо, как температура воздуха. Вы можете настаивать, что здесь тепло, но если я стучу зубами от холода, то вряд ли вы меня убедите. Таким же образом лицемер может верить, что любит того, кого в реальности истязает каким-нибудь гадким плотским поведением. «Я желаю тебе добра», — будет он повторять, делая зло.

Мы опрометчиво надеемся, что правильные слова проделают обличительную работу. И ведь самое интересное, что для истины это не проблема. Она обладает достаточной властью, чтобы приговорить сердечные намерения даже самого упрямого человека (Евр. 4:12). Но почему-то мы решили, что при цитировании Писания эта власть должна передаваться и нам. Как бы не так! Чего ради Слово Божье должно сокрушить чьи-то сердечные намерения моими устами, если мое собственное сердце отбивается от истины всеми подручными средствами! Как это было бы немилосердно позволить мне оказывать реальное влияние на других, когда я живу в непокорности Господу. Непокорность эта, в первую очередь, выражается в нежелании любить грешника таким, какой он есть (Рим. 5:6–8). Нравоучать — это всегда пожалуйста! Я постоянно пытаюсь срезать углы, заменяя библейские дела библейскими словами. Что это за дела? Долготерпение, милость, благость, смирение, снисхождение, любовь. Согрешающий нуждается в них не меньше, чем в словесном обличении.

Благ и праведен Господь, посему наставляет грешников на путь… (Пс. 24:8).

К сожалению, нередко плотское поведение исправляющего становится камнем преткновения для исправляемого. Мы влияем, не любя, а потом удивляемся, почему это «ничтожество» не торопится меняться. Но «кто любит брата своего, тот пребывает во свете, и нет в нем соблазна» (1 Иоан. 2:10). Поэтому я так часто отрезвляю себя и других истиной из Писания: «Когда Господу угодны пути человека, Он и врагов его примиряет с ним» (Прит. 16:7). Поймите, нужно быть действительно сатаной во плоти, чтобы плевать в лицо тому, кто тебя по-настоящему любит. Даже неверующие способны ответить взаимностью на любовь (Матф. 5:46). Тем более тот, в ком живет Дух Святой, будет приобретен милосердием и довольно быстро. Особенно в контексте конфликтов важно перестать оправдывать отсутствие мира агрессивностью «врага». Все может быть банальнее — вы его так и не возлюбили, а значит ваши пути не угодны Богу. Отсюда и непрекращающаяся война.

Вторая крайность:
много милосердия, мало истины

Если первое заблуждение — откровенно плотская интерпретация богоцентризма, то здесь на первый план выходит человек. Адепты этой крайности пренебрегают истиной и являют много так называемого милосердия. Только это уже не милосердие, а попустительство и безответственность. Настоящее милосердие неотделимо от истины. Писание подтверждает: искренне укоряет *друг,* то есть любящий (Пр. 27:6). Он готов идти на обострение и говорить неприятные вещи, но в правильный момент: не слишком рано и не слишком поздно. Любовь не боится делать больно, но только когда исчерпаны безболезненные способы.

Плотский заменитель милосердия — жалость, на которую способно большинство людей. В ней заключены минимум две опасности. Первая заключается в искажении реальности. Она не позволяет человеческому исправлению действовать, тем самым вынуждая явиться суду Божьему. Грешник должен знать о законе сева и жатвы. Иначе у него возникает иллюзия безнаказанности, а безнаказанность морально уродует (Еккл. 8:11). Давая сиюминутное облегчение, жалость всегда калечит на перспективу.

Не нужно думать, что мы умеем быть милосердными. Этому нужно учиться точно так же, как и остальным добродетелям. По естественным настройкам жалость всегда человекоцентрична. Отсюда вторая ее опасность. Она не преследует Божьи интересы, а значит идет *против* истины. Помните, как Христос отверг сочувствие Петра и объяснил почему (Матф. 16:23)? Если бы Петр любил Учителя настоящей любовью, то не был бы Ему соблазном (1 Иоан. 2:10). Иисус хотел исполнить волю Отца, а апостол Его фактически отговаривал. Почему? Потому что в тот момент мыслил эгоистично. Являя свою «милость», он даже не подумал, чего хочет Отец милости. Не противоречит ли мой совет Его воле? Так что Петр любил *себя* в первую очередь, и ему только предстояло учиться любить богоцентрично. Его милосердию недоставало истины.

Поэтому церковная дисциплина призвана возвращать человека в реальность его настоящего духовного состояния. Божья любовь не позволяет ближнему оставаться в заблуждении, ведь она сорадуется истине (1 Кор. 13:6). Видя кого-то на опасном пути, она стремится остановить, но, потерпев поражение, не уходит, хлопнув дверью и изрыгая проклятия. Влияние, движимое Духом, остается рядом, усердно молится, следит за собой, не ставит соблазна, не впадает в крайности, безусловно любит и терпеливо ждет.

Люблю — влияю

Мы выяснили, что *милосердием и истиной* очищается грех. Только в сочетании они приобретают преображающую силу. Милосердный Господь учит нас этому балансу, параллельно побуждая делать работу над ошибками. Третья часть реальности — это духовные и физические закономерности, на которых основана жизнь. Царем здесь является закон сева и жатвы. Умение видеть причинно-следственные связи — предварительное, но важное условие преображения в образ Христа.

Сестры, ваши мужья больше не романтичны и, кажется, не особо хотят проводить с вами время. Конечно же, они не правы, и было бы здорово им прозреть. А вы замечаете, как ваши токсичные дела и слова *душат* в них романтичность и внимательность?! Братья, ваши жены — непокорные ропотницы? Вот было бы классно, если бы они увидели себя со стороны. А вы точно являетесь отражением славы Христа в своей семейной жизни? Вы любите их безусловно, жертвенно и постоянно? Или давно их предали, уйдя с головой в служение, работу, увлечения или еще чего хуже? Если вы просто пользуетесь ими для удовлетворения своих нужд, то какое моральное право имеете ожидать в ответ послушание и доверие?!

Милосердием и правдою очищается грех... (Прит. 16:6)

Милосердием и истиной Отец очищает наши грехи. Оба компонента обязательны, хотя большинству легче влепить правду-матку в лоб, чем смириться, исполниться милости и ждать перемен столько, сколько потребуется. Давайте учиться подражать Богу. Его милость обновляется каждый день. Без нее освящающая работа с грешниками *невозможна*, ибо до нас долго доходят даже элементарные вещи.

Я не смогу по-настоящему помочь, пока не полюблю ближнего и не приму его таким, какой он есть. Это библейское условие для богоугодного влияния. Создатель полюбил нас, когда мы были еще грешниками.

Но Бог Свою любовь к нам доказывает тем, что Христос умер за нас, когда мы были еще грешниками (Рим. 5:8).

Только недавно я заметил удивительную истину, укрывавшуюся от меня на протяжении почти всей христианской жизни. Оказывается, Он возлюбил нас *до того*, как начал преображать. Представляете?! Он уже любил в то время, как мы знать Его не знали и знать не хотели. Мы обрели благодать еще будучи бунтарями, не претерпев ни единого нравственного улучшения.

⁹Посему тем более ныне, будучи оправданы Кровию Его, спасемся Им от гнева. ¹⁰Ибо если, будучи врагами, мы примирились с Богом смертью Сына Его, то тем более, примирившись, спасемся жизнью Его (Рим. 5:9–10).

Тем более мы в безопасности после того, как кровь Христова оправдала нас перед Судьей. Я всегда считал, что праведность Христа — основание Божьей любви ко мне, но это не совсем так. Бог возлюбил меня таким, какой я есть, до того, как занялся моим перевоспитанием (безусловная любовь). То, что произошло на Кресте, просто доказало Его уже возникшую любовь (жертвенная). А Божья неизменность гарантирует, что Он никогда не перестанет меня любить (бесконечная). В качестве доказательства приведу еще один известный отрывок.

²⁵Мужья, любите своих жен, как и Христос возлюбил Церковь и предал Себя за нее, ²⁶чтобы освятить ее, очистив *банею водною посредством слова; ²⁷ чтобы представить ее Себе славною Церковью, не имеющею пятна, или порока, или чего-либо подобного, но дабы она была свята и непорочна (Еф. 5:25–27).*

Обратите внимание на последовательность действий Христа, ибо она принципиальна. Сначала возлюбил, потом приобрел, потом занялся ее освящением (влиянием), ведущим к святости и непорочности. Настоящая любовь не ищет своего, поэтому ее воздействие лишено эгоизма. Иными словами, Господь освящает *потому, что любит, а не для того, чтобы любить.* Видите разницу?

А мы, как обычно, перевернули всё с ног на голову. Человеческое влияние — это устранение отрицательных качеств ближнего, мешающих его «любить». Как я уже писал ранее, вместо того, чтобы расширять свое сердце, мы предпочитаем обрубать чужие недостатки. Мы воздействуем и «освящаем», чтобы кое-как вместить грешника. Но не так у Господа. Мы со всеми своими слабостями и грехами *уже поместились* в Его огромном сердце, и поэтому, очищая нас, Он не теряет самообладания, встречаясь с сопротивлением Его влиянию.

Конечно, мы должны угождать Ему изо всех сил, *но не для того, чтобы быть любимыми!* Это очень важный момент для понимания Евангелия. Некоторым из нас крайне трудно поверить в *безусловную, жертвенную и вечную* любовь Отца. Тем не менее это факт: мы ничего и никогда не сможем сделать, чтобы остановить Его любовь, ибо она «не перестает» (1 Кор. 13:8; Рим. 8:35–39). Хотя искупление сделало нас чистыми в Божьих глазах, повторюсь, Его любовь излилась до того, как праведность Христа облекла нас в белоснежные одежды непорочности. Это благодать и пример для подражания.

И сам я уверен о вас, братия мои, что и вы полны благости, исполнены всякого познания и можете наставлять друг друга... (Рим. 15:14)

Итак, для благочестивого воздействия нужно быть *исполненным* благости и всякого познания. Наполненным до краев! Эти два условия в совокупности дают право рискнуть кому-то помочь. А если вы еще не исполнены этими качествами, то занимайтесь их накоплением. И, возможно, тогда произойдут перемены в жизни тех, на кого вы так долго и безуспешно пытаетесь повлиять.

...Ибо превыше небес милость Твоя и до
облаков истина Твоя.

—— Псалом 107:5 ——

Послесловие

Вот мы и подошли к концу, но у меня такое чувство, что я не сказал и половины того, что хотел. Честно говоря, несколько глав так и не вошли в книгу. Надеюсь, однако, что получилось раскрыть основные истины, характеризующие благодать. Я стремился показать, что *на ней* держатся и спасение, и освящение. Не важно, как долго вы с Богом, первый день или пятьдесят лет. Причина, по которой Безупречный вообще обращает на вас внимание, — незаслуженная милость. Вы сегодня молодцы — это действие благодати. Вы духовно на полу — это не делает вас менее любимыми. Пусть никакие даже самые серьезные и похвальные старания не вынудят вас забыть о благодати (1 Кор. 15:10).

Как это отрадно знать, что Господь носит нас на руках, ежесекундно оберегая от всевозможных опасностей. Мы чужие миру, и на нас круглосуточно идет охота (1 Пет. 5:8). Помнить об этом — значит пребывать в реальности, духовно бодрствуя, выполняя тем самым свою часть ответственности. Не стоит переживать, что мы столкнемся с чем-то невыносимым. Образно выражаясь, в какой бы бандитский район города мы ни зашли, Супермен всегда рядом. Перед Ним трепещут все плохие парни, держась на почтительном расстоянии. Нас же там никто не боится и порвали бы в клочья за секунды, но мы в присутствии Всемогущего. Главное не отходить от Него, не отставать ни на шаг. Отойдете — и вас моментально побьют.

Вы это уже много раз проходили. А в каком случае в голову может прийти идея прогуляться по темным улицам в одиночку? Когда поверил в свои силы. Поэтому высокомерие несовместимо с благодатью.

12 Посему, кто думает, что он стоит, берегись, чтобы не упасть. 13 Вас постигло искушение не иное, как человеческое; и верен Бог, Который не попустит вам быть искушаемыми сверх сил, но при искушении даст и облегчение, так чтобы вы могли перенести (1 Кор. 10:12–13).

Представляете, милость Божья всегда *дозирует* искушения соответственно нашим возможностям! Она предусмотрительно уберегает от слишком сильного давления. Без нее *мы гарантировано проигрывали бы греху, даже будучи новыми творениями.* Осмыслите это, пожалуйста. Не сопричастность божественному естеству дает победу, а благодать! Оказывается, сам факт возрождения недостаточен для успешной войны с грехом. Грех сильнее. Понимаете? Сам по себе грех сильнее нас, и поэтому Бог вынужден *контролировать* его нападки.

Сила искушения не имеет значения, если семенам греха негде прорости, но им есть где расти, цвести и пахнуть — в этом-то и проблема. Если бы милосердный Господь строго не отбирал по весу и росту наших соперников в духовной войне, то количество побед равнялось бы нулю. Сомневаетесь? Еще раз прочтите этот стих. Везде благодать! Без нее никуда! По этой причине в который раз призываю вас подумать, *что* это говорит о состоянии нашего сердца. Да не смущает вас религиозная пропаганда о новом сердце якобы не способном к идолопоклонству (1 Иоан. 5:21; 1 Кор. 10:7,14; Кол. 3:5). У нее столько же общего со Словом Божьим, сколько у романтических фильмов про любовь с реальностью супружеских отношений. Это припудренная Библией вера в себя.

Итак, правильное отношение к победам над искушениями коренится в благодати. Ни единого шанса не оставляет она для самовосхваления, потому что нам гордиться нечем (1 Кор. 4:7). Она — магнит, притягивающий благословения, который сильнее остающихся недостатков. А их немало, как вы понимаете. Благодать так доходчиво это лично мне объяснила, что в глазах потемнело. И это при том, что я увидел собственное уродство даже не Божьими глазами, а своими полуслепыми. Но и того хватило, чтобы руками и ногами вцепиться в Иисуса, уповая только на благодать. Сколько же во мне еще зла! Как ты можешь любить такого, как я?! Не терпеть из последних сил, а бережно любить всем сердцем!

Господи, и я люблю Тебя увечно, ущербно, неверно, спотыкаясь, падая, ропща и злясь, но люблю. Как не любить, после того, что Ты для меня сделал?! Твоя любовь произвела на свет мою. Теперь она растет с каждым днем, крепнет, укореняется, захватывая клочок за клочком территорию моего сердца. Для Твоей любви не было ни одной причины. Для моей же есть тысячи, и все равно она растет слишком медленно. Прости меня за это, ибо Ты достоин большего. Но и здесь Твоя благодать всё предусмотрела, покрыла и компенсировала. Восполняя всякий недостаток, она никогда не упрекает (Иак. 1:5). На то она и благодать: безусловная, жертвенная вечная. И, глядя на спасение, на все прошлые, настоящие и будущие благословения, я провозглашаю, каким образом получил на них право, — только благодатью!

Мы любим, потому что Он Сам первый
возлюбил нас.

—— 1 Иоанна 4:19 ——

Оглавление

Другие книги Тимура Расулова

Тимур Расулов. Поклонение во тьме: Размышления над Книгой Иова. СПб.: Библия для всех, 2010.

Данный труд написан о Книге Иова. Автор показывает, что Книга Иова говорит о таких темах как поклонение, смысл жизни, надежда, отношение к испытаниям, понимание истинного милосердия. Только искренняя вера в Бога помогает преодолеть все трудности и потери.

Тимур Расулов. В погоне за ветром: Размышления над Книгой Екклесиаста. Самара: Волга, 2015.

Книга Екклесиаста на протяжении тысячелетий служит предметом богословских и философских споров. Некоторые мировоззренческие постулаты израильского царя вызывают недоумение и откровенно пугают. Данный труд — толкование Книги Екклесиаста стих за стихом вперемешку с размышлениями автора. Это также попытка сформировать целостный взгляд на известное произведение Соломона, чтобы объяснить его сложности и кажущиеся противоречия.

Тимур Расулов. Научи меня любить: Размышления о практическом освящении. Самара, 2016.

Освящение, греховность, благодать, познание Бога, построение отношений, самоправедность — на эти и другие темы рассуждает Тимур Расулов в контексте главной проблемы, обозначенной в названии книги. Он не ставит перед собой задачу научить других любви. Эта книга — своеобразная исповедь его собственных частых неудач в исполнении этой заповеди. Она написана простым, доступным языком, для широкой аудитории.

Тимур Расулов. Ближе к Тебе: Размышления о познании Бога. Самара: Благая весть, 2020.

Эта книга задумана как продолжение предыдущей книги Тимура Расулова «Научи меня любить». Здесь автор поднимает тему познания реальности, в которой он выделяет истину о Боге, истину о человеке и понимание причинно-следственных связей (законов и закономерностей). Книга главным образом говорит о том, как сделать личное познание Бога более эффективным, для чего рассматривает основные принципы и составляющие духовной жизни, такие как доверие Богу, смирение, изучение Писания, молитва и другие.

Тимур Расулов

Только благодатью

Религиозное издание